EL PAISANO

Benedicto Cuesta

Para Eloísa Maesta,
con aprecio —
Benedicto Cuesta.

Illustrations by Eliseo Rodriguez

Cover by Daniel Stevens

A Doña Florina,
amiga y madre espiritual

MUCHAS GRACIAS

Durante los años de 1974 y 1975 el periódico santafesino "The New Mexican" publicó varios de los capítulos que aparecen en este libro, en forma de artículos. Al ser incluídos aquí, la mayor parte han sido retocados, y algunos substancialmente alterados. El editor del diario, señor Robert McKinney, nos concedió generosa autorización para reproducir el material. Por ello quede aquí constancia del más sincero agradecimiento por parte del autor y los editores de este libro.

Otras personas han contribuído a la realización de este volumen, con entusiasmo y generosidad, en diferentes formas: proporcionando alientoe y consejo al autor, leyendo el manuscrito y haciendo sabias observaciones, copiando a máquina las páginas para la imprenta. Sabe el autor que ha contraído una deuda de gratitud profunda con Melinda Romero de Pike, Encarnita Gaya de Hargrove, Jesús Santana, William y Jane Dougherty, Henry Pascual, John Aragón, Frances Swadesh y Rufina Ortega.

CONTENIDO

INTRODUCCION

Vas a entrar, amable lector, por estas páginas, como por una puerta, a un mundo raro. Raro y lleno de misterioso será para ti, si vienes de otras tierras o de otros climas culturales. Entra en la región del encanto.

Si tus raíces, lector, se hunden entre los pinos, los álamos y los chamizos nuevomexicanos; si tú eres hijo legítimo de estas sierras y estos desiertos; si es tu historia la del dolor y la de la gloria de estas campiñas, entonces, al leer este libro, no podrás reprimir el estremecimiento de tu corazon.

El autor habla de tí, y tú—Juan Martínez, don Leandro, Reynaldo Fresques, doña Petrita . hablas y sientes por él.

Benedicto Cuesta dice y canta las estaciones de tu calvario y los amores de tu vida. Con la magia de su palabra, que es poderosa, sencilla y pura, llega a interpretar, como con un canto, tus sueños de siglos y tus ilusiones imposibles.

Esa palabra llega a herir, como luz y como brisa, las aguas hondas de tu alma. Esa palabra, a veces, penetra como una espada.

Benedicto Cuesta ha amado por largo tiempo y con dolorosa sinceridad esta santa tierra y esta gente,—la verdadera gente. La asimilación es honesta y profunda. El autor se ha perdido en el tema de sus escritos. No escribe desde lejos, ni desde su plano, ni desde ninguna parte. El autor ES PARTE. El autor no es "otro." En su lenguaje, en su estilo, en su emoción, en todo su ser, él vive, canta, sufre y sueña como nosotros y con nosotros. Y se angustia y emociona ante el destino, que es suyo y nuestro.

La investigaciones históricas, que Benedicto Cuesta cultiva con esmero y exigencia académica, no se quedan allá, en los anales fríos del erudito, sino que brillan ante nuestros ojos como joyas, y se hacen substancia vital.

Ante las tremendas crisis y turbulencias que amenazan los valores de nuestra tradición indohispana, gracias a Dios que pueden abrir veredas luminosas.

Ha llegado el tiempo de la sinceridad, de la visión clara, de la actitud decidida y del amor. Gracias, amigo Benedicto, por tu ejemplo.

Y tú, lector amable, no te demores con trivialidades, ni te asustes de la verdad, ni te envenenes con el odio, ni te dejes oprimir por el desaliento o la pereza.

Estamos hoy en estado de emergencia. Comienza tu lectura, amigo, que se hace tarde.

Jose Griego
Embudo, Nuevo México, 12 de diciembre de 1975,
Fiesta de la Virgen de Guadalupe.

INTRODUCTION

You are about to enter, kind reader, through these pages, as if through a door, into a strange world. Strange it must seem to you and full of mystery if you come from other lands and other cultural climes. Enter the enchanted region.

Or if your roots, reader, are grounded among the pines, cottonwoods, and chamisa of New Mexico; if you are a true child of these sierras and of these deserts, if you share in the history of grief and glory in these landscapes, then as you read this book, you will be unable to suppress the thrill in your heart

It is of you the author is speaking, and you—Juan Martinez, don Leandro, Reynaldo Fresques, and doña Petrita—speak and feel through him.

Benedicto Cuesta is reciting and singing the stations of your Calvary and your life's passions. With the magic of his words, which are powerful, simple, and pure, he succeeds in interpreting, as if in song, your centuries-old dreams and your impossible longings.

His are words that strike deep, like light or wind, into the waters of your soul. And sometimes they pierce like a sword.

For a long time now and with painful honesty Benedicto Cuesta has loved this hallowed land and this people—the real "gente." The affinity is sincere and profound. The author has submerged himself in the subject of his writing. He writes not from afar nor from a level of his own nor from any distance at all. The author is part of what he writes about. He is no outsider. In his language, his style, his feeling, and in all his being he lives, sings, suffers, and dreams like us and with us. And he is consumed by anguish and emotion before a destiny that is his as well as ours.

The historic research that Benedicto Cuesta cultivates with demanding scholarly care does not come to rest in the lifeless annals of a pedant but glitters like jewels before our eyes and turns into living substance.

In view of the tremendous crises and upheavals that threaten the values of our Indohispanic tradition, thank God that we can still find people like Benedicto Cuesta who are able to open lighted ways for us.

The time has come for honesty, clear vision, for a decisive stance, and for devotion. We are grateful to you, friend Benedicto, for your example.

And you, kind reader, dwell not on trivia; be not afraid of the truth nor poisoned by hatred; do not allow yourself to languish in dismay or idleness.

Today we are in a state of emergency. Begin reading, friend, for there is no time to lose.

Jose Griego
Embudo, New Mexico, December 12, 1975,
Feast Day of the Virgin of Guadalupe.

DOCE HISTORIAS VERDADERAS

UN DOMINGO EN LA TARDE

La pieza de entrada es espaciosa, de techo alto con grandes vigas, aproximadamente cuadrada. Es una combinación de zaguán, portal cerrado y sala de recibo. La puerta y dos grandes ventanas a sus lados ocupan todo el espacio del frente. Como la casa está situada en la falda de la loma, esta habitación, que mira hacia el poniente, es como un balcón o mirador desde donde se domina el poblado, el valle y las montañas.

Don Ceferino López se mueve agilmente por la pieza hasta que halla el asiento más confortable y digno. El alista éste con sus manos y lo ofrece al visitante. "Siéntese aquí."

El cuarto está limpio y fresco. Abundan retratos y cromos en las paredes y sobre la mesa del rincón. Sombreros de campo y chamarras de trabajo cuelgan de grandes clavos colocados en fila, como percha, en la pared. Una petaquilla vieja cubierta con un paño verde sirve de mesa de café, y está rodeada por varias sillas de palo y por dos grandes sofás. Estos están en condiciones inseguras, medio hundidos, cubiertos con sarapes de colores vivos traídos de México. Se respira en la pieza aroma de tomates, chile y calabazas que están soleándose entre geranios y otras plantas, alineadas sobre bancos junto a las ventanas.

Don Ceferino López, a sus 73 años, pequeño, liviano y huesudito, habla con viveza. Sus historias y filosofías no acaban nunca. Acompañan a sus pláticas los movimientos expresivos de sus manos y la inquietud de sus ojos. En éstos puede percibirse de vez en cuando una nube de turbación.

Su esposa Elena, de no más de 50 años, con su cara redonda y rosada, está sentada modestamente en una silla alta, silenciosa y con permanente sonrisa. Es la segunda mujer de don Ceferino. Once meses duró viudo. De esta segunda esposa le nacieron dos hijas. Ninguna de las dos ha cumplido los dieciseis años. Ahora mismo están ellas lavando los trastes de la cena. Desde aquí pueden verse por momentos, a través del espacio de la puerta abierta, en sus idas y venidas por la cocina. Sin entenderse llegan hasta aquí sus cortas frases y sus risas entre el ruido del agua, los platos y su radio transistor que grita su "rock and roll."

"Vengan a saludar," ordenó don Ceferino. Una tras otra salieron, saludaron en inglés y regresaron enseguida a la cocina, con su risita y el rostro colorado de vergüenza. Lindas y frescas criaturas, la una usaba minifalda, y la más gordita un pantalón exageradamente ajustado. La cara de Elena se encendía como una amapola. En la mirada de don Ceferino había una expresión combinada de orgullo y vergüenza. "El café," ordenó don Ceferino. En un instante reapareció la más pequeña—la del pantalón ajustado—con café, azúcar y una lata de leche "Carnation."

Por horas ha seguido platicando don Ceferino: su familia, su casa, la historia del valle y de la comunidad, la vida pacífica y dura de su juventud, los problemas de la vida moderna. Ahora ya el sol casi está tocando las cimas de la sierra. Desde la puerta puede contemplarse todo el valle. Las casitas esparcidas entre verdes prados, jardines, huertas, arboledas; los animales en las pasturas, los bosques a lo lejos, y al fondo de todo, a la izquierda, la cumbre azul del pico de Truchas. Es una tarde dorada y perfecta de un domingo en septiembre. Por los caminos y junto a las casas aumenta la animación. Aquí y allá gritan los niños jugando al escondedero. Otros se pasean con sus bicicletas. Delante de la casa, donde el camino se hace ancho, casi como una plaza, se pasean grupos de jovencitas con sus vestidos domingueros. En un brioso caballo galopa hacia arriba y hacia abajo el joven más apuesto del pueblo. De la cintura para arriba lleva solamente un chaleco de baqueta negra. Pasa orgulloso, luciendo sus músculos y su habilidad con el caballo. Las muchachas lo miran embobadas. Un carro negro del año 64, de larga cola, sin mofler, con placas de California, levanta nubes de polvo, desespera a los perros y espanta las gallinas. En el centro del parabrisas, por dentro, va colgando del espejo una calavera de plástico casi de tamaño humano. Aquí y allá son lanzadas desde el carro latas vacías de cerveza. Los tres ocupantes—uno sin camisa y los otros dos con lentes oscuros— se detienen de vez en cuando para cambiar palabras con las muchachas. Estas, desinteresadas o disimulando su interés, siguen su paseo sin voltear la cabeza. "Los del carro son plebe de aquí," comenta don Ceferino, "que diz que trabajan en California."

A un lado de la casa, junto al garaje, descansa sobre bloques de cemento un enorme "trailer." Don Ceferino explica sin sonreir: "Es de mi hijo mayor que trabaja en Utah." Detrás de la casa, donde la loma se hace plana como mesa, están los corrales, fuertes y caballerizas. El jacal más grande está lleno de alfalfa. Sentado junto a la puerta, en el suelo, solo y pensativo, en esta hora del crepúsculo, está Alberto, el hijo más joven de don Ceferino. Tienen las maletas preparadas para salir mañana a la Universidad de Nuevo México a comenzar su tercer año.

– ¿Vienes con frecuencia al rancho cuando estás en el colegio?

– Casi todos los fines de semana.

– ¿Te gusta regresar?

– Aquí nací yo.

– Aquí—añadió don Ceferino—tiene enterrado su ombligo.

– ¿Qué harás cuando termines tus estudios?

– Todavía no sé.

Llega desde la casa el sonido del transistor de sus hermanas. Se oyen los ronquidos del carro de California. Se levanta la luna y hace brillar con ironía el aluminio del trailer de su hermano.

– ¿Te gustaría vivir aquí?

– No sé. Sí quisiera . . . Papá, ya asistí a los caballos.

LA NAVIDAD ESTA AQUI

La mañana era fría y cristalina. El cielo estaba transparente, puro, sin una nube. El sol, después de una larga noche de ausencia, ya cerca de las nueve asomaba por detrás de "La Montaña de los Indios," inundando la pieza con luz alegre y cegadora. Entraban los rayos solares por la ventana haciendo evidentes algunas manchas en los vidrios, marcas de dedos, salpicaduras de agua, gotas de grasa. Pero llegará enseguida doña Florina con una garrita y el líquido apropiado para dejarlos inmaculados como cada mañana. Doña Florina va y viene por la casa desde antes de amanecer. Ahora ya está puesto el café, y su aroma flota por la cocina en el resplandor del sol. Trafiquea sin cesar a estas horas doña Florina. Va ordenando todo, alistando todo. Levanta un zapato que el nieto de cuatro años dejó tirado bajo la mesa. Varios juguetes quebrados son colocados en el marco de la ventana. Una muñeca desnuda, sin cabello y con la cabeza volteada, es ocultada piadosamente en el cesto de la costura. Poco a poco va quedando cada cosa en su lugar, y al terminar de barrer, la cocina está completamente limpia y todo adecuadamente dispuesto. Ahora doña Florina levanta la toalla que cubre la jaula de su periquito. El pájaro revolotea como loco, espantado o lleno de alegría en medio de tanta claridad. Después doña Florina se lava las manos y la cara con jabón, se arregla el cabello y se sienta, al fin, solita, a tomar su primera copa de café.

El viejo sigue en la cama. Se quejó toda la noche de dolor de costado y parece que ahora en la madrugada consiguió conciliar el sueño. Tampoco han aparecido aún la hija, ni el yerno, ni los nietos. Viven al otro lado del camino, pero no se distingue todavía en la casa ninguna señal de vida. Hoy es sábado y no se trabaja, y comenzaron las vacaciones navideñas. Por otra parte, deben estar todos agotados de la fiesta de anoche. Como todos los años, se celebró en la escuela una representación especial de Navidad. En ella actuaron una nieta del segundo grado y un nieto del séptimo. La niña fue escogida para hacer el papel de la Virgen María. Iba vestida con un túnico blanco que la mamá y la abuela compusieron de una sábana, y con un manto azul claro, que era una cortina prestada por la tía de Santa Fe. La criatura del segundo grado pasó más de una hora hincada, adorando y mirando al Niño Jesús, que era un muñeco de ojos azules, rubio y panzón, metido en una caja de tablas, que había sido de manzanas. El muchacho representó a un rey mago. Iba envuelto en la mejor sobrecama de su abuela, llevaba sobre la cabeza una corona de cartón con picos, decorada con estrellitas de papel de colores; acarreaba una lata de café despidiendo humo, como incensario. Todo fue un gran éxito. La señora Stevenson, directora del programa, fue muy felicitada. La presidenta del PTA, en un inglés apropiado y local, agradeció a todos su presencia y su colaboración. El Principal de la escuela (que también habló en inglés) dijo que los estudiantes progresaban sin cesar en la educación, como quedaba bien demostrado ante todos por una representación como ésta, que había sido, en realidad, algo tan hermoso y de tan alta categoría.

Por estas razones, dijo, bien podrían los padres sentirse contentos y orgullosos. Todo acabó con muchos aplausos y refrescos preparados por el PTA, y con Santa Claus repartiendo a los niños dulces y frutas. Al fin de todo, arrastrando túnicos y garras, se dispersaron los estudiantes con sus familias. Grandes y chicos salieron agotados, y como emborrachados de felicidad. Una felicidad, sin embargo, de risas aturdidas, y en el fondo como inconfortable y sospechosa. Ahora, en esta mañana radiante y tranquila, tomando su segunda copa de café y fumando su primer cigarrillo, doña Florina contempla el sol naciente y "La Montaña de los Indios," azul y misteriosa.

Con su imponente majestad "La Montaña de los Indios" ha prestado a doña Florina, durante toda su vida, diaria compañía, vigilancia y protección. Ahí está, siempre antigua y siempre nueva. Ahora, desde aquí, en esta limpia mañana, puede ser contemplada en toda su belleza. Se alza como un precioso y gigante retablo contra el azul del cielo. Ofrece la montaña diferentes tonos de color y de expresión según las estaciones del año y las condiciones del tiempo. En estos días de diciembre y a estas horas de la mañana, contra el cielo despejado, la montaña presenta un singular aspecto, como sagrado y transparente. Parece que en los días que preceden a la Navidad, algo hay en ella a punto de cantar, un espíritu puro y nuevo que anda como en acecho por sus laderas azules. Doña Florina siente todas estas cosas, sin palabras, en lo profundo de su alma. Además, como vecina y amiga de siempre, conoce ella a los indios del Pueblo, y sabe que ellos reciben de la montaña impulsos y mensajes secretos, y revelaciones interiores. En estos días antes del solsticio de invierno los indios contemplan la "Montaña" con mayor respeto y reciben con mayor humildad la presencia del sol. El sol, que es el padre de la luz y de la vida, retrasa cada día más su aparición desde el otro lado de las sierras. En estos días es necesario esperar con humildad que el astro rey no abandone del todo al mundo. Hay que caminar con respeto, evitar el ruido, pagar las deudas y hacer paz con los vecinos, con las almas y con todas las cosas. Se vive en la humilde esperanza (en el "Adviento") de que, al iniciarse el nuevo ciclo natural del tiempo, el sol, que es fuente de vida y que gobierna con sus movimientos el destino del hombre, decida seguir alumbrando y dando impulso vital a los hombres, animales y plantas.

Está llegando la Navidad, cuando el Hijo de Dios ("Sol de Justicia") entra en la vida y en la marcha del universo. Para los indios la Navidad llega cuando tiene que llegar; y las dimensiones espirituales y cósmicas de su religión se enlazan armoniosamente con los misterios cristianos. Todo está lleno de sentido y, en el fondo, todo es la misma cosa. Las contradicciones existen solamente en los espíritus complicados y "científicos." El día de Navidad los indios saludarán con sus bailes rituales a la Vida, a la Divinidad, al Sol.

Doña Florina no sabe explicar todas estas cosas, pero ellas son parte de su vida, y todo es entendido con claridad. Ahora ha permanecido por un buen rato inmóvil, contemplando la "Montaña de los Indios." Mientras tanto se ha quedado frío el café y se apagó el cigarrito entre sus dedos amarilletos.

Ha comenzado, de pronto, el movimiento en la casa del otro lado del camino. La hija y el yerno van saliendo ahora mismo hacia la iglesia del poblado. Este año son mayordomos, y el padre los tiene citados esta mañana con el fin de decorar la capilla para la Navidad. Doña Florina sale al porche de la casa. Desde aquí puede verse allá junto a la iglesia mucho movimiento. El reverendo párroco va y viene visiblemente excitado. Quiere, por lo visto, sin perder tiempo, engalanar la iglesia con todo lo necesario. Su templo debe estar tan elegante como cualquier otro de Santa Fe, Albuquerque o de cualquier lugar de América. Oh, sí, el jefe de la parroquia toma muy en serio las cosas. Ha dado órdenes a los mayordomos de que quiere muchos árboles, muchas luces de colores, muchas "poinsettias." Piensa el reverendo párroco que debe en conciencia

20

enseñar a sus fieles a celebrar la Navidad con adecuado lujo y esplendor, para provecho de sus almas y, de pasada, para demostrar honradamente la categoría de su líder. En realidad el párroco tiene hoy muchas cosas que hacer. Además de supervisar el trabajo de los mayordomos decorando la iglesia, debe presidir él en persona la práctica del coro. Este año en la misa de media noche van a estrenarse dos himnos que él aprendió en San Francisco durante sus vacaciones. Con los himnos de Navidad que se cantan en todas las iglesias de América y los dos modernos que trajo él de San Francisco, no habrá, piensa, necesidad de recurrir a esos villancicos "mexicanos" de siempre, tan vulgares y tan monótonos. Hoy debe, además, el reverendo, dar instrucciones a los encargados de tomar la colecta. Sí, la colecta de Navidad es la mejor del año. Y se necesita dinero para muchas cosas, entre ellas para instalar una alfombra decente en la rectoría; también para pintar la iglesia y renovar el santuario, que está viejo y anticuado. Es trabajoso, piensa seriamente el reverendo párroco, modernizar y "americanizar" a esta gente, pero, poco a poco, lo vamos consiguiendo, gracias a Dios

Doña Florina es de pronto distraída por los niños que vienen con su alboroto cruzando el camino, para quedarse con la abuela. Ella los recibe con cariño, pero sin sonrisas. "Buenos días nos dé Dios," les dice. "Entren todos a rezar al Niño." Antes de seguir a los nietos dentro de la casa, miró otra vez doña Florina hacia la capilla y vio al padre que, en ese momento, trataba de explicar nerviosamente a los mayordomos cómo quería las luces de colores encima de la puerta principal. Luego volteó la anciana su mirada y se quedó contemplando por largo rato "La Montaña de los Indios." Después entró en la casa y prendió una vela ante el Nacimiento.

LA VERDAD

"Porque yo ya no soy yo,
Ni mi casa es ya mi casa."

                        —Federico García Lorca

Desviándose de la carretera principal, tomó una más estrecha hacia la aldea. Pasó la iglesia y la estafeta, cruzó la plaza sin reparar con claridad en nada, sin tiempo para reconocer a nadie. A la salida del poblado dobló a su derecha y entró en el cañón por el camino de tierra. Este camino era desigual, tortuoso y lleno de agujeros; así Antonio debía manejar despacio, con precaución. Debía, además, protejer su flamante Mercury 1975. Era este un automóvil blanco, pesado, precioso. Lo acababa de comprar al ser promovido a un puesto más alto y lucrativo en la compañía de seguros "The Star." Era el carro apropiado para un "ejecutivo." Hoy por primera vez lo ha sacado de la gran ciudad, todavía con el permiso provisional del departamento de vehículos, sin las placas permanentes de metal. Está claro que con un carro de esta categoría, Antonio— Anthony, como es conocido en la compañía y entre los clientes —se siente mucho más seguro y eficiente en su oficio.

Hoy Antonio viaja solo desde Denver hasta la casa paterna. Es un viaje de emergencia. Con frecuencia, por los últimos 17 años, ha regresado con su mujer y sus hijos a su cañón nativo. Eran siempre días alegres de vacaciones, visitas con mucha animación y bulla, ocasiones para el descanso y saludable distracción, sin posibilidad de aburrimiento, y sin oportunidad para ninguna clase de meditación y soledad. Pero hoy Antonio viene solo.

Solo entra en el cañón en esta tarde de otoño. El cielo está nublado, a punto de llover, o probablemente, a esta altura, de nevar. Una luz gris-ceniza envuelve la naturaleza y suaviza, sin borrarlos, los contornos de las cosas. Ante los ojos y el alma de Antonio el cañón descubre, por vez primera después de diecisiete años, su carácter antiguo y su mensaje poderoso. Se recortan las montañas contra el cielo a la altura precisa de siempre, y entre aquellos dos picos, a la izquierda, estará y saliendo detrás de las nubes el lucero de la tarde. De las hondonadas van surgiendo las sombras como sueños de la infancia, y Antonio siente las formas de los pinos oprimir, desde dentro, su corazón. Roza el carro los chamizos marchitos inclinados hacia el camino, y los viejos álamos deshojados saludan con sonrisas y muecas dibujadas en sus cortezas, como en rostros desfigurados de monstruos o payasos. Aquí, en la tercera y más pronunciada curva, en una piedra grande, cuya parte plana mira el camino, a la luz de los focos del carro puede leerse una inscripción con grandes letras blancas trazadas por mano insegura:

ANTONIO Y VIOLA

Salió Antonio del automóvil. Aquí está la casa afincada en las rocas y en la soledad. La casa humilde que hoy se afirma ante Antonio con una fuerza inescapable. En la penumbra del

23

atardecer Antonio siente asombro ante la superficie suavemente ondulada de los muros de adobe. Sigue con sus ojos y experimenta en sus venas las líneas del tejado, los marcos de la puerta y de las pequeñas ventanas. Palpa las postas del cerco. Se siente invadido por un silencio cargado de esencias y sensaciones olvidadas que penetra hasta los huesos. Algo se agita y quiere revivir en sus entrañas; algo más puro y poderoso que el trabajo, el dinero y la gran ciudad. Se decide al fin a dar los cuatro pasos hasta la puerta.

"Hijo, tu papá está muy malo. Quién sabe si durará esta noche." Antonio entró en la recámara. No acertó a decir nada. Se paseaba por la casa derrotado e inseguro, haciendo un ruido ridículo con sus zapatos nuevos, de moda, blancos y acafetados. Tropezó estúpidamente con una silleta. Se detuvo ante el pequeño espejo colgado desde siempre sobre el aguamanil, y al ver en él su ancha y brillante corbata experimentó un sentimiento de desesperación.

La noche se ha cerrado completamente sobre el cañón. Puede llegar en cualquier instante la verdad final.

LA PARTIDA

A media tarde se corrió la voz de que don Leandro se moría. Lo decían en la tienda, en la estafeta y en la escuela. Las nuevas corrieron por las calles, hasta las casas, los corrales y los campos en el valle. Don Leandro estaba muy malo. Las mujeres entraban y salían de la casa del enfermo ayudando en todo, enjugándose una lágrima y rezando. El doctor llegó, al fin, hacia las cuatro. Examinó al moribundo por unos momentos y se fue sin decir nada. El padre de la parroquia había visitado al enfermo antes del mediodía, pero llegó de nuevo hacia las cinco y media, revestido ahora con su sotana, sobrepelliz y estola. Habló el padre al enfermo con mucha calma y le dió todos los auxilios espirituales y sacramentos. Rezó después en español y latín con todos los presentes.

Don Leandro estaba agonizando en esta tarde de otoño, tarde del día de Todos los Santos y víspera del Día de los Difuntos. Va muriendo el día. El sol se oculta entre nubes oscuras. El viento agita en remolinos las hojas muertas, y gime largo y frío. La aldea va quedando oprimida en un silencio pardo y triste.

En esta noche, víspera del Día de los Muertos, por tradición, los jóvenes deberían andar en sus travesuras y espantos. Envueltos en sábanas, hacen ellos diabluras en las yardas y los corrales y tumban comunes de tabla. Pero todo ha quedado hoy suspendido porque don Leandro está en la agonía. La juventud se quedó quieta en la casa, o se junta en pequeños grupos junto a la iglesia, en la plaza, platicando muy quedito. Esta noche la taberna está casi vacía. Los tres o cuatro clientes beben con mesura y hablan en voz baja, sin los chistes y risas de costumbre.

Se ha cerrado la noche sobre el poblado. El silencio es quebrado de vez en cuando por pasos de vecinos que se dirigen a la casa del moribundo. Tres o cuatro automóviles de familiares han llegado desde el otro lado de las montañas. Las horas pasan lentas en el pequeño cuarto encalado, donde agoniza don Leandro, entre velas, rezos y sudor. Se oyen breves comentarios sobre el campo, los animales y la familia. Hacia la media noche comenzó una lluvia densa y monótona, que se sentía como el acompañamiento apropiado para el rezo del rosario. A las dos de la mañana del Día de los Difuntos, rodeado de su esposa, hijos, nietos y muchos parientes, amigos y vecinos, don Leandro García entregaba su alma al Creador. Fueron los Hermanos de la Fraternidad los que ofrecieron el primer rosario, "sudarios" y otras oraciones, antes de mover y amortajar al difunto.

Amaneció, al fin, lluvioso y triste, el Día de las Animas. El pueblo, los vecinos y todo el valle siente de pronto el silencio y la profunda horfandad. Es inconcebible que la existencia siga en el valle sin don Leandro. El fue borreguero y conocía todos los secretos y enfermedades de los animales. Era la autoridad en cruces y partos de los mismos. El repartía con todos sus conocimientos de la tierra, de las siembras y de todas las plantas. Ofrecía a todos, cada año, su teoría infalible de las "cabañuelas." Era experto en acequias, entendido en construcción y la suprema autoridad en la historia y tradiciones.

También, desde siempre, el rezador más inspirado, claro y devoto de la comunidad. Era, sobre todo, don Leandro, un pozo de sabiduría que él regalaba a todos en forma de consejos en las crisis y problemas de la vida.

Al amanecer repicó la campana de la iglesia. Llegaban las gentes para la primera misa de Difuntos. Entró el padre en la capilla.

"Oremos, hermanos míos, por el eterno descanso del alma de don Leandro García."

En el templo permaneció el gentío muchas horas, sin querer salir.

LA VISITA

Un perro grande y otro chico dormían en el portal. Abrieron sus ojos sin moverse. La entrada a la casa estaba sombreada por las enredaderas que trepaban hasta el tejado. La puerta estaba cerrada, pero, como siempre, sin trancar. La cocina estaba recién barrida, los trastes limpios, todo en orden; dos ollas hervían sobre la estufa, la grande con agua, en la otra se cocían frijoles. Nadie respondió a las llamadas. La casa estaba vacía. En la cocina, en las recámaras y en el cuarto de recibo reinaba silencio y paz, y se sentía una vieja querencia de hogar.

Rodeando la casa se llega, por detrás a la despensa. Al lado de ella está el gallinero. Un poco más lejos los corrales, y al fondo la arboleda y el jardín. Las gallinas van y vienen picoteando el suelo con pereza. Las bestias están quietas como estatuas. Duerme un marrano en su trochil. Hay un sol que ciega y que aplana. No sopla el viento. Reina una calma total en esta tarde de agosto.

Un niño de no más de siete años aparece de pronto en la vereda con su bicicleta: "Mi 'grampa' está en el jardín, mi 'gramma' está haciendo adobes." Pronto llegaron los mensajes, y en unos cuantos minutos apareció junto al cerco doña Sofía Rodríguez. Con su vestido negro hasta los tobillos, su alta y firme figura se marca por un momento contra la sierra con fuerza casi sobrenatural. Ya de cerca puede apreciarse que es una mujer todavía hermosa a sus 80 años cumplidos. Cabello aún oscuro, frente despejada, ojos verdes oscuros y brillantes, labios finos . . . los años y los duros trabajos no han podido destruir los rasgos de una gran belleza.

Doña Sofía reconoce al visitante, y toda su expresión es de alegría y acogida cariñosa. El saludo es el abrazo de siempre. "Cuántos deseos tenía de verlo. Sí, sí, hoy esperaba su visita. Todo el día me ha temblado el ojo izquierdo. Ese es aviso seguro. Qué gusto que haya venido. ¿Cómo ha estado? Vamos por aquí, al cuarto de recibo." Bajándose las mangas de su blusa, iba ella la primera hacia la casa. "De salud no estoy mal. Algo torpe. Me van fallando las piernas, y a veces me da un dolor muy fuerte en este cuadril," dijo poniéndose la mano en su lado derecho. . . .

"Oh, sí, por ahí arriba, por la 'sierra de los indios,' cuántas veces nos paseábamos de jóvenes, a pie o a caballo, siguiendo el Río Lucero, hasta bien arriba. Recogíamos manzanitas, ciruela y capulín. No lo prohibían los indios en aquel tiempo, y muchachos y muchachas del Pueblo iban seguido con nosotros. Teníamos mucho trato con los indios. Ellos nos visitaban en nuestras casas y nos recibían en las suyas. Nos compraban y vendían provisiones y otras cosas. Mis abuelos y mis papás tenían compadres en el Pueblo; yo quería mucho a mis hermanos y hermanas espirituales. Ahora todo está cambiado. Estamos tan cerca del Pueblo y no nos visitamos. Problemas de las propiedades de terrenos y las políticas del gobierno, creo yo. Solo una vez al año—el día de San Jerónimo —vamos todos a la misa y nos quedamos todo el día en la fiesta.

Vemos las carreras y los bailes, y los indios nos invitan a sus casas."

Doña Sofía tiene memoria clara y explica las cosas en forma precisa. Cuando era niña oyó contar muchas historias, Indios de otras partes atacaban de vez en cuando al Pueblo y también a las comunidades hispanas. Serían los Navajós, Apaches, Yutes. . . . Robaban cosechas, animales y a veces personas. Por otra parte también se daba el caso de indios cautivos en casas de hispanos.

"Yo nunca conocí al hijo de mamá Serafina, mi abuelita. Mil veces escuché la historia cuando yo era una niña. Pasaron los indios con caballos y se robaron al muchachito. Tenía 8 años y se llamaba Ramón. Mi abuelito y unos tíos salieron en su busca, pero nunca lo hallaron. Mamá me contaba cómo mi abuelita lo lloró por toda su vida. Cargaba a su otra hijita y se iban a llorarlo a aquellos álamos, más allá de la arboleda. Tenía mamá Serafina un Santo Niño en el altar de la casa. Le prendía velas y le rogaba y lloraba a diario, y al fin lo enterró para que hiciera el milagro de devolverle a su hijo. Pero el niño nunca apareció."

– ¿Y sabe usted dónde fue enterrado el Santo Niño?
– "Cómo no, junto a ese pino."
– ¿Y nunca han pensado en desenterrarlo?
– "No. El muchachito nunca fue hallado."

Don Epifanio Rodríguez llegó por el portal y entró en la sala. Es un hombre chaparro y arrugado. Su piel curtida parece baqueta, o corteza de árbol. Al saludar sus manos se sienten como raíces de pino. Todo su aspecto parece áspero y duro, pero en realidad don Epifanio es bondadoso y sencillo, y en su trato es delicado y cariñoso como un niño. . . . No es hombre de muchas palabras, no cuenta muchas historias, pero sabe muchas cosas. Su increíble memoria serviría para redactar libros sobre la primera guerra mundial, con referencias precisas de tiempo, lugares, personas. . . . Pero don Epifanio fue siempre hombre callado, y con los años no se ha hecho platicador.

Sólo en ocasiones especiales se decide a relatar historias de sus tiempos militares y aventuras de sus 83 años en este país de sus entrañas. El—cosa rara en los viejos—prefiere escuchar. Sentado y en silencio asiente con la cabeza mientras doña Sofía prosigue sus narraciones.

– "Hay más de una milla de aquí a la iglesia. Hasta hace poco—ahora ya no puedo—he caminado, desde niña, siempre que había misa o servicios religiosos."

Una agradable brisa se levanta de pronto, mueve las enredaderas y entra en la sala como una caricia que refresca. Las sombras de las plantas juegan como mariposas entre los retratos de santos, de antepasados, de hijos, nietos y bisnietos, todos tan serios con sus diferentes uniformes: militares, de graduación, de casorio. . . . Esta sala es como un jardín de cariños, una selva de oraciones y recuerdos, una historia completa del dolor y la alegría del corazón.

En tono natural y sosegado prosigue doña Sofía: "Con varios pies de nieve muchas veces, antes de amanecer o pardeando, yo nunca faltaba a la iglesia, a no ser por enfermedad. El milagro ocurrió hace unos 15 años. Acaso fuera un pecado de mi parte, pero un día durante la misa me atreví a pedir al Señor una señal. Quería una prueba de que mi vida religiosa y mis sacrificios eran del agrado de Dios. Antes de terminar la misa vi sobre el altar, justamente encima del tabernáculo, una cosa que brillaba como un diamante o pequeño sol. Era del tamaño de un huevo de gallina, pero redondo. Esperé a que el padre y cinco o seis personas más que estaban en misa salieran de la iglesia. Quedé yo sola. Me acerqué con respeto, pero sin miedo. Nunca he visto algo tan brillante y hermoso. Se movió despacio, dio varias vueltas alrededor del tabernáculo, después reposó sobre el altar, donde permaneció por un rato. Yo me fui acercando hasta casi poder tocarlo con las manos, pero de pronto desapareció. Nunca lo he visto más."

Hubo una pausa de silencio en la sala. Don Epifanio estaba inmóvil en su silla, y nada comentó sobre la historia.

Doña Sofía se quedó por un rato mirando a través de la puerta abierta por donde la brisa traía el rumor y la frescura de las plantas. De pronto en el marco de la otra puerta que daba al interior de la casa apareció Reynalda, la hija soltera y fiel compañera de doña Sofía, y anunció: "Ya está la comida."

Doña Sofía, con la misma expresión y el mismo tono de voz con que contó el milagro, añadió: "Vamos, está todo listo, entre a cenar."

JUAN MARTINEZ

*"Yo lo que me saco limpio en todo esto, dijo Sancho, es
que estas aventuras que andamos buscando al cabo nos
han de traer tantas desventuras, que no sepamos cual es
nuestro pie derecho.*

*"Y lo que sería mejor y más acertado, según mi poco
entendimiento, fuera el volvernos a nuestro lugar, ahora
que es tiempo de la cosecha y de entender en la hacienda,
dejándonos de andar de ceca en meca, como dicen."*
    –Don Quijote de la Mancha, Capt. XVIII

Juan Martinez lo ha pensado muchas veces. Dieciséis
años hace que abandonó su aldea y su casa paterna para
buscarse un porvenir en la ciudad. Dieciséis años de lucha y
trabajo diario, y está casi en la misma situación, sin avanzar
gran cosa. La complicación de la vida aumenta, las necesidades
crecen, las duedas no acaban de cerrarse. Ya al poco tiempo de
dejar su tierra natal Juan comenzó a sentir la nostalgia y el ansia

33

del regreso, pero por orgullo y también por la tentación de esperar siempre mejores fortunas, nunca llegó a decidirse. Ahora ya es tarde. Sus cinco hijos—4 a 15 años—siguen las costumbres y gustos de la gran ciudad. Su mujer—sin duda tan buena como atrayente y cariñosa—aunque económica y sencilla, no se amoldaría ya fácilmente a la vida rural. Por otra parte, no serán ya fáciles los arreglos en la familia en lo que se refiere a propiedades.

¿Y las escuelas para los hijos? ¿Y la vivienda adecuada? ¿Y el ingreso necesario para todos los gastos? ¿Y . . .? No, ya no es posible. Su vida y la de su descendencia seguirá otro rumbo. Solo una nostalgia quedará, y a la tercera generación apenas un vago recuerdo.

Pero Juan Martínez, él personalmente, aunque no lo admite en público, ni siquiera abiertamente con su mujer y sus hijos, tiene su corazón en el campo y en su aldea. En sus frecuentes visitas a su tierra sus ojos se iluminan con el paisaje familiar. Con botas, en ayunas y sin corbata llega Juan a visitar a sus "viejitos," y en el rancho siente pronto una invasión de paz de la tierra, de las plantas, del agua y del aire, que desconoce en la ciudad. Una paz profunda, solo ensombrecida levemente por una lejana nube de envidia—una envidia sin odio, porque la sangre es la sangre—porque su hermano menor será quien labre la tierra nativa y quien herede la casa familiar.

Juan siente revivir en su alma la fuerza de la unión, la pertenencia natural y humana; la siente en el hogar paterno, en la tierra y entre los animales, y también la siente en la pequeña cantina que está junto al puente, donde, entre las rondas de tragos, se celebra sin muchas palabras la recia comunidad de la sangre y del espíritu. Todos los del grupo de la cantina son hermanos, o primos (hasta el séptimo grado), o compadres; y cuando ya no alcanza el parentesco en forma alguna, han sido "criados juntos" o son tocayos.

La mujer de Juan trae regalos a los suegros, platica alegremente y ayuda en la cocina. Sus hijos abrazan a sus abuelos y tíos, juegan con los primos, pescan en el río y se encantan con las cabras, las gallinas y el burro; pero todo esto ya no es su vida, hay en ellos algo de turistas; la distancia crece sin cesar.

Para Juan Martínez, sin embargo, todavía esto es su vida; y por eso siente en sus venas la relación con las entrañas de la tierra y el intercambio de vida en las siembras y en las cosechas. Por eso el susurro del álamo de la yarda y el manso ruido de la acequia despiertan en Juan una elevación mística. Por eso Juan Martínez ha visto en la noche pequeñas estrellas sobre los lomos de las cabras y los borreguitos, y ha visto a la luna menguante posarse exactamente en la punta del cuerno izquierdo del toro negro.

Juan Martínez oye a veces el silbido del viento al tiempo que distingue en la oscuridad los ojos del tecolote enfrente de la ventana de Timotea Rodríguez, la médica. Juan Martínez llega a veces tarde a la cena por quedarse sin palabra, en éxtasis, viendo a la tarde morir sobre las bardas del corral. Juan Martínez se persigna cada vez que pasa junto al altar que su mamá tiene en la sala, y no ha olvidado las sabrosas palabrotas que aún suelta con gusto al ayudar a encerrar los becerros y el potro. Juan Martínez percibe distintamente el aroma de siglos que sale del armario del cuarto de dormir, del rincón de debajo la escalera y de la cobija amarilla con rayas coloradas y pardas.

Ya no hay tiempo. Es demasiado tarde. Y Juan no puede explicarlo. Y ¿quién podrá entender el enredo del corazón con la suerte y el destino? Un pájaro en el árbol canta el nombre de Juan. El pino quiere medir con él sus fuertes músculos. La tierra se esponja fecundamente bajo sus pies. Y Juan Martínez, ¿dónde está?

"Alamos y cuantos álamos
A las orillas del río"

—Antonio Machado

EL FIN DE SEMANA

Uno a uno van entrando los muchachos a tomar su baño. Desde siempre, cada sábado en la noche, ésta es la costumbre y el deber en esta casa. El baño semanal es parte importante de la vida y una estricta obligación familiar.

No todos los miembros de la familia, sin embargo, toman su baño a esta misma hora. Las dos muchachas, para sus lavatorios, para aplicarse las cremas y hacerse los chinos, ocupan toda la tarde del sábado, desde el mediodía hasta la hora de la cena. Durante este tiempo la presencia del papá y de los hermanos no es bien aceptada dentro de la casa. Durante esas horas deben ellos ocuparse en sus quehaceres del rancho o trafiquear por los corrales, establos o el garaje. (Don Luis y Doña Petrita se bañan a horas desconocidas. Seguramente se bañan, pero nadie sabe cuándo ni cómo). Para los cuatro hermanos la regla es el sábado, comenzando una hora después de la cena. Ya entonces todos han cumplido con sus últimas obligaciones del día en el rancho: encerrar las gallinas, ordeñar, apartar el becerro, traer la leña para la noche. Reina ya en la casa y familia, a estas horas, un espíritu festivo, y con el baño de los cuatro muchachos se inaugura oficialmente para todos el sabroso descanso dominical.

Desde la cocina se pasa directamente a la pequeña pieza. Esta es un cuartito de unos seis por seis pies, construído de madera y añadido después y como apéndice a la estructura regular de la casa. Además de celebrarse en ella los baños del sábado, esta habitación sirve de pequeño almacén para trastes y comestibles, como desahogo para la cocina; algo así como despensa auxiliar o intermedia entre la casa y la despensa grande que está al otro lado de la yarda. La operación es saludable, algo larga y entretenida. Anticipadamente se echa lumbre en el fogón que ocupa el centro del cuarto. Desde la cocina se llevan grandes ollas de agua caliente y se vacían en el cajete. El más joven de todos, Antonio, entra el primero. Le sigue Rafael, luego Luciano, y el último es siempre Luis Jr., el mayor, de 19 años cumplidos. Cada uno, al terminar, vacía y enjuaga el cajete. Más agua caliente, más brazadas de leña. Doña Petrita permanece en la cocina todo el rato, sentada en su silla junto a la estufa, con sus lentes puestos, leyendo vidas de santos y supervisando a distancia la operación. Don Luis va y viene por la casa, pone en orden algunos papeles, escribe una carta, añade leña a la estufa, limpia y deja relucientes las botas que usará mañana para la misa. Las muchachas se encerraron ya hace rato en su dormitorio.

Van saliendo del baño los muchachos, renovados y resplandecientes, oliendo a limpio y a manzana. Suben pronto, sin otras distraciones, al alto donde todos duermen. Esta noche no hay peleas, ni malas palabras, y ninguno se mete en la cama sin persignarse y recitar sus oraciones.

Amanece el domingo. Desde temprano la casa está de nuevo en movimiento. Hay gozo de ropa limpia y alegres prisas. Se cumplen los deberes urgentes del rancho y todos se preparan para salir a misa. El ir a misa el domingo ha sido siempre en la familia el acontecimiento más importante y gozoso. Los dos hermanos mayores tienen ya licencia de manejar, y lo hacen a menudo cuando la familia sale. De buen grado se lo permite Don Luis, pero nunco cuando van a misa. En esta ocasión Don Luis no cede a nadie la responsabilidad y el honor de conducir personalmente a la familia hasta la presencia de Dios.

Una hora de malos caminos de tierra y están a las puertas de la capilla. La campana repica con alegría y las gentes van llegando de los ranchos. Ya el padre está en la iglesia y toda la familia de Don Luis Lucero hace línea junto al confesionario. Rezada la breve penitencia, mientras Doña Petrita y las dos hijas se quedan hincadas en el primer banco, salen los hombres a platicar con sus amigos. Suena la campanita junto al altar y todos entran. Don Luis con sus dos hijos menores hallan asiento en uno de los últimos bancos. Los dos muchachos grandes, acomodándose una vez más su cabello con sus peines de bolsillo, entran y se quedan en pie al lado de la puerta, junto a la pila del agua bendita. Ya se acabó la misa, y el sermón, y la colecta. Más plática dominguera a las puertas de la capilla. Luego alguna visita, la comida grande a media tarde, primos y amigos, carreras a caballo. . . . El domingo se consume dulcemente. La noche va envolviendo el solitario rancho. La familia se recoge en paz y se previene, renovada, para la rutina de la semana.

◇ ◆ ◇ ◆ ◇

Hoy es domingo en la noche. Antonio, el más joven de los hijos de Don Luis Lucero, está abriendo sus ojos ensangrentados y amarillos. Enfrente de sí distingue borrosamente un oficial de la policía; al lado de la cama una mujer con uniforme blanco. Mana de sus entrañas un dolor de agonía. No puede hablar y su mente se ahoga en la oscuridad y el terror. Desesperadamente quiere y no quiere recordar las horas de este fin de semana, desde el sábado en la noche cuando tomó las drogas, y el licor; cuando manejaba locamente de Oakland a San Francisco, cuando se estrelló contra un camión de carga. Solo un momento antes de la agonía y angustia total recordó Antonio por un instante, con perfecta claridad, los fines de semana del rancho.

Habían pasado 15 años.

UN LATIDO DE TIEMPO

Doña Elvira Montoya volteó lentamente a su derecha, dirigió su mirada hacia la pequeña ventana y declaró con voz precisa y desolada: "Dios no nos esucha; todo está seco." Sin tono de protesta, afirmaba simplemente el hecho.

Estaba Doña Elvira Montoya sentada en su sillón de tabla, entre cojines, junto a la mesa cuadrada que ocupaba el centro de la cocina. Sobre la mesa, que estaba cubierta con un hule de color rosado, había una taza con residuos de café, un paquetito de cartas y papeles ajustados con una cinta, dos libros de oraciones, un rosario, un reloj despertador, un frasquito de loción para las manos, un cenicero de lata y una cajita de madera, abierta, con tabaco, cerillos y papel de fumar; todo limpio y adecuadamente dispuesto por las manos exactas de Doña Elvira Montoya.

Desde hace 16 años Doña Elvira Montoya pasa en este lugar y en esta posición los días casi completos y buena parte de las noches. Así es la vida. Fué una crónica infección de la pierna, complicada después con una caída. De poco sirvieron doctores y hospitales. Doña Elvira Montoya quedó para siempre impedida.

Desde su sillón y su mesa puede contemplar, a través de la pequeña ventana de su derecha, el valle y las montañas; a su izquierda está la puerta de la cocina que da al exterior, por cuya parte superior, que es de vidrio, puede verse el corral, varias casas del poblado y la pequeña capilla. Ahora mismo está la capilla ahí, sola, abrumada por el sol. La cruz del campanario está quebrada, y la campana fué robada hace 5 años. El adobe está como llagado por todas partes, y en sus agujeros hacen nidos los pájaros. El padre no viene ya más que una vez al año, para la función. La capilla sigue dando su testimonio, cumpliendo su destino.

Doña Elvira Montoya tiene en su cocina, frente a sí, junto a la pared del fondo, la estufa de leña a la izquierda y el trastero a la derecha. Dos o tres cuadros de Santos (San Isidro es el más grande) y un calendario en la pared, un banco y tres sillas, una cubeta para el agua, utensilios de cocinar y pocas cosas más, todas humildes, útiles y dignas dan a la cocina un aire preciso de tiempo y espacio humano. Todo es sencillo y pobre sin miseria. Todo es necesario y cabal.

Marido y mujer han vivido en este valle y en esta casa desde el día de la boda. Su vida ha sido dura, pero nunca amarga o desesperada. El terreno es muy poco, y pocos hubieron de ser los animales, pero nunca faltó el alimento justo, ni el vestido decente, ni el calor del hogar. Criaron dos hijos y una hija, y tienen 13 nietos. Todos viven fuera del estado y vienen poco, pero todos están bien y prosperan. Quizá este año decidan todos a venir para la fiesta del Patrón Santiago, el 25 de julio.

La tarde está calurosa y quieta. Doña Elvira Montoya está sola con sus rezos, sus cigarros, sus pensamientos, y sus largas horas. Largas horas de soledad sin desespero. La soledad es destino del ser humano, la soledad es la vida. Pero ella está aquí en su sillón. Aquí vive y desde aquí dirige su cocina, su humilde hogar y su honrado patrimonio con la dignidad de una reina; y también con el estoicismo humano y cristiano ante la realidad de la vida. Lo que es tiene que ser ahora y siempre. Dios tiene en sus manos el destino de todos y de todo.

Van a ser las cuatro y todavía no regresa Don Epifanio Montoya, compañero fiel por 54 años. Salió él después de la comida a dar vuelta a la acequia, con su pala y sus 78 años a cuestas. Seguramente habrá ido a la otra banda.

La tarde es pesada, redonda y perfecta. Hay una plenitud en el momento, como una madurez de la existencia, como un tiempo más allá del pasar del tiempo. El amigo que vino a visitar a Doña Elvira Montoya contempla a ésta que, irguiendo su cabeza, mira hacia la ventana con ojos inmóviles y claros. Una pequeña figura se divisa en el horizonte que viene acercándose lentamente. Hay un resplandor en el rostro de la mujer y una emoción en todo su ser que en nada altera su compostura ni la rutina de la tarde. Doña Elvira Montoya con voz exacta y sencillamente controlada declara: "Ahí viene el viejo."

UNA JUNTA DE EMERGENCIA

"Orden en la sala," gritaba el presidente golpeando la mesa con su martillito de mando. Tuvo que repetirlo ocho o diez veces, hasta que la multitud se calmó. Poco a poco todos fueron acomodándose en sillas y tarimas. Comenzó la reunión. Los que llegaban tarde se quedaban junto a la puerta hechos bola. Algunos se atrevían a pasar hasta el fondo y se quedaban en pie recostados contra la pared. Se paró el presidente para dar comienzo a la junta. Volvió a golpear la mesa con el martillo. Al fin hubo silencio. Al ver la multitud que llenaba completamente la sala, y al observar cómo todos los rostros se volteaban hacia él, y cómo todos los ojos lo miraban, el presidente sintió que las piernas le temblaban. Al querer comenzar su discurso introductorio sus labios y todos los músculos de su boca quedaron agarrotados. Hubo unos minutos de absoluto silencio, que fueron de agonía mortal para el presidente. Este fue recobrando poco a poco cierto control sobre sí mismo, y al fin comenzó a hablar. Dijo que todos estaban muy bien venidos a la junta.

Explicó que iban a tratarse asuntos de muchísmo interés para todos, y que él, como presidente, y todos los miembros de la Sociedad de Labradores Unidos, se sentían orgullosos de haber llamado esta junta y de haber prestado su sala para celebrarla. Advirtió que todos podían y debían participar libremente en las discusiones, haciendo preguntas y comentarios. Anunció en fin, antes de sentarse, que todos estaban invitados, después de la reunión, a los refrescos gratuitos que unas mujeres voluntarias de la comunidad estaban preparando en la cocina, "que está aquí al lado," apuntó con el dedo hacia la pequeña puerta que estaba en el rincón de enfrente, a su derecha.

Con estas palabras el presidente conluyó su discurso, que resultó más breve de lo que él había planeado. Enseguida introdujo al Señor Abenicio Martínez, a quien cedió la palabra para que él (Martínez) siguiera la junta haciendo las introducciones y presentaciones apropiadas.

Se sentó el Sr. presidente. El Sr. Martínez, que se hallaba junto a la pared, un poco separado de la mesa, vino al frente y se paró en el centro, mirando al público y dando la espalda a la presidencia. Era evidente que el Sr. Martínez estaba seguro de sí mismo y feliz de dirigirse a la multitud. Después de todo, ya estaba acostumbrado a esta clase de cosas. Más de cinco años llevaba de cabecilla de la mesa directiva del Programa de Acción Comunal (CAP) del Condado.

Lentamente repasaba ahora Abenicio Martínez al auditorio con su mirada. En el silencio absoluto de la sala sacó de la bolsa interior de su leva, con mucha calma, un fajo de papeles blancos y amarillos. Los extendió sobre la mesa con cuidado, y luego, reteniendo en sus manos solamente dos o tres páginas, comenzó a leer, en inglés, su importante discurso.

Habló de los problemas críticos que estaban afectando a las comunidades del Condado en todo lo que se refería a las propiedades de terreno y a los derechos de aguas. Dijo que muchos proyectos de desarrollo y de turismo en estas áreas tenían a la gente confundida y alarmada. Por muchas razones

44

esta junta tiene carácter de emergencia, afirmó. "Por eso," añadió, "tenemos con nosotros esta tarde a dos empleados de la Floresta Nacional, a un representante de la Oficina de Terrenos Públicos, al Comisionado de las Tierras del Estado y también al Agente del Condado. "Agradecemos la presencia de todos ellos," continuó diciendo el orador, "y confiamos que esta importante reunión nos ayude a todos a resolver para siempre los graves problemas que nos afectan. Esta histórica reunión, señoras y señores, marcará el comienzo de una etapa nueva y de un futuro lleno de promesas para nosotros y para nuestros hijos." Aquí resonaron en la sala grandes aplausos.

Abenicio Martínez esperó embobado a que terminaran los aplausos. Luego se volteó hacia la mesa que tenía a su espalda, dejó las páginas ya leídas y tomó otras nuevas, mirando de pasada, muy satisfecho, a las autoridades que presidían la junta. Luego se colocó de nuevo los lentes en la punta de la nariz, tosió, aclaró la garganta y continuó leyendo su discurso. Siguió hablando de los problemas que afectaban a las comunidades del Condado, de las disputas sobre las tierras y las aguas, del desempleo, de las dificultades del tiempo presente, con la inflación y la recesión, y hasta llegó a discutir problemas culturales y de ciudadanía. Habló por largo rato de todos estos temas. Habló hasta cansar y fastidiar a la gente.

Al concluir esta parte del discurso no resonaron aplausos. Es más, a este punto pudo notarse que Abenicio Martínez iba lentamente perdiendo el entusiasmo del público. Tratando él de superar el comienzo de una crisis, levantó la voz con nuevo ánimo y puso mayor énfasis en sus palabras. Pero el esfuerzo no produjo resultados. Claramente podía notarse que iba creciendo la impaciencia entre las gentes. Muchos movían las piernas, cambiaban de posición y prendían cigarrillos.

Terminó Abenicio Martínez la lectura y entró ahora, sin papeles, haciendo un esfuerzo supremo, en la última parte de su sermón. Dijo que las agencias del gobierno federal, del estado y del condado deseaban sinceramente ayudar a los vecinos a

45

resolver sus dificultades y a mejorar su vida. Dijo otra vez, con tono de respeto y con acento de patriota, que ahí estaban los representantes de estas agencias para explicar a todos con absoluta claridad los diferentes programas, las leyes, y también para escuchar las opiniones y deseos del pueblo.

El presidente del cuerpo directivo del Programa de Acción Comunal (CAP) muy apenas pudo concluir su discurso. Sus últimas palabras quedaron ahogadas en el murmullo general. Antes de que el orador terminara del todo, algunos de los oyentes se paraban, otros hacían comentarios entre sí. Un camarada de bigotes, que estaba recostado en la pared del fondo, cerca de la estufa y con una guitarra a su lado, dijo en una voz de barítono que resonó en toda la sala: "Ya está bien de tanto discurso. ¿Cuánto le pagan a éste?" Varias personas aplaudieron al oir estas palabras; la mayoría de la gente reía a carcajadas. Seguía tratando Abenicio Martínez de disimular el bochorno, pero le era ya imposible controlar su expresión de derrota y desesperación. Se ajustó la corbata, miró a la mesa presendencial y luego a la gente. Quiso sonreir, pero su rostro pudo solo mostrar una mueca sin gracia.

"La reunión," dijo Abenicio Martínez después de un rato, "debe seguir adelante según estaba programada. Las preguntas y los comentarios del público tendrán lugar al final, cuando ya los oficiales que están aquí hayan presentado sus temas."

Un rumor de desaprobación inundó la sala. Un joven de barba negra levantó entonces la mano. Este joven estaba sentado en el centro de la sala, y formaba parte de una gavilla que había llegado de un condado vecino. Todos los del grupo eran más o menos de la misma edad y de apariencias muy semejantes. Desde antes del comienzo de la reunión esta gavilla se había apoderado de la única mesa (aparte de la presidencial) que había en la sala, y sobre ella tenían extendidos papeles y mapas. Desde el principio era evidente para todos que este grupo se presentaba decidido y con material de información, y tambien estaba claro que inspiraba cierta desconfianza e intranquilidad a los organizadores y a los representantes de las agencias del gobierno. El joven de la barba levantó la mano, después se puso en pie y, mirando a la presidencia, dijo en perfecto inglés: "Si ustedes, caballeros, desean sinceramente que la gente participe en las discusiones, corresponde a la gente, a nosotros y no a ustedes, caballeros, cuándo y cómo queremos hacerlo. Señores, nosotros queremos hablar ahora, y no estamos dispuestos a esperar hasta el final del programa." La multitud estalló en aplausos y en voces de "bien . . . bien . . . eso sí . . . ahora . . .!" El presidente de la Sociedad de Labradores Unidos daba golpes en la mesa con el martillo. Abenicio Martínez miraba a su reloj y se limpiaba el sudor. Los hombres de la presidencia enrojecían hasta las orejas, trataban de disimular su pánico y no se atrevían a intervenir.

Se fue calmando el gentío. Al fondo de la sala se oyó de pronto una voz femenina. El presidente golpeaba otra vez con el martillo reclamando silencio. Todos volvieron su mirada hacia atrás. Todos podían oír la voz aguda de la mujer, pero a nadie veían. "Quién es," decían unos. "Que se pare," decían otros. Un individuo que estaba sentado cerca de donde salía la voz anunció: "Es la Sabinita." Otro, que también se hallaba en los alrededores, completó: "Es la mujer de Inez Roybal." La Sabinita seguía dando su discurso con entusiasmo, y crecía la impaciencia, porque permanencía invisible. "Que venga al centra de la sala." "Que se pare en una silleta." Al fin la Sabinita, cuya estatura era menos de cuatro pies, salió de su rincón, pasó como un ratoncito entre la multitude y llegó hasta la mesa presidencial. Se subió muy decidida a una tarima, y de cara a todo el gentío, comenzó otra vez, desde el principio, su emocionado discurso. Habló ardorosamente, mezclando el español y el inglés, tropezando en muchas palabras. Tenía el rostro encendido y los ojos chispeantes. Agitaba sus brazos y a cada instante volteaba su cabeza hacia la presidencia. Dijo que la paciencia estaba ya agotada, que la gente estaba ya cansada de las injusticias del gobierno, de las falsas promesas de los políticos y de los abusos de los ricos extranjeros. Añadió que el pueblo en las pequeñas comunidades estaba harto y fastidiado de ser víctima de los poderosos, y que no les quedaba remedio alguno sino pelear por sus derechos a como diera lugar; "unirse, defenderse y usar las armas si es necesario." Dijo al fin que cuando los agentes y empleados del gobierno llegaran a su propiedad para comenzar el proyecto que tienen planeado para el valle, ella, aunque mujer, estaba dispuesta a salir a encontrarlos con el rifle.

Así concluyó la Sabinita. Se bajó de la tarima y regresó pronto a su rincón. Hubo en la sala unos segundos de silencio absoluto. Estalló luego un griterío atronador de aprobación. Temblaban las vigas, puertas y ventanas con las voces y aplausos. Los dirigentes perdieron el control de la junta. Los golpes desesperados del martillo del presidente quedaban ahogados en el tumulto general. Los oficiales permanecían en sus sillas blancos de terror. Las mujeres de los refrescos miraban espantadas desde la puerta de la cocina. El gentío seguía aplaudiendo, gritando. Muchos se paraban, se movían; se formaban grupos, hablaban en alta voz unos con otros. Abenicio Martínez desapareció por alguna parte. Solo los más cercanos pudieron oir al presidente que se desgañitaba gritando: "Orden . . . silencio . . . calma en la sala. . . . Se suspende la junta."

OTOÑO

Doña Petrita se pasa todo el santo día sentada en su silleta junto a la ventana. A sus 78 años ya está muy torpe, apenas puede moverse. Aquí vive pasando los días y las noches casi en completa soledad y silencio. Su hija, su yerno, sus nietos, muy rara vez la ayudan para pasar a los cuartos grandes de la casa—la hermosa y amplia casa que ella heredó de su propio papá y que ella habitó y cuidó desde el día de su boda, hace 62 años. Solita se pasa el día y la noche en esta pequeña pieza que construyó para ella su yerno hace unos años. Es un cuartito muy pequeño añadido a la cocina, de construcción barata, y mal terminado. La hija, o una de las nietas, traen a doña Petrita, a las horas apropiadas, su plato de comida, y casi a diario todos los de la casa entran por unos momentos a saludar a la viejita. Son visitas muy cortas, porque todos están demasiado ocupados y envueltos en sus trabajos, sus amistades, sus estudios y sus diversiones.

Tiene siempre doña Petrita su pañoleta negra puesta, ceñida a la cabeza, bien ajustada con un nudo atrás, bajo la nuca. Luce los pequeños pendientes de oro de siempre, ya muy gastados. Viste falda negra hasta los tobillos y blusa de un color oscuro. Calza durante el día, aunque no se mueva, zapatos con botones. Doña Petrita se pasa el día entero con el rosario en la mano. Su vista y su oído son cada día más pobres, y le fallan las piernas. Con la ayuda del bordón apenas puede completar los tres pasos de distancia que hay desde la silla a la cama. Vive en paz, tranquila con sus meditaciones y sus rezos, sin cansar a nadie con sus llamadas o con su pláticas.

Pero hoy, en este sábado triste y lluvioso de octubre, amaneció muy diferente doña Petrita. Está llena de ánimo y rebosante de una nueva y extraña vitalidad. Habla con precisión y con un interés de urgencia.

– Hija, recuerda a los muchachos que saquen las estufas; ya llega el invierno.

– Mamá, ya las sacaron.

– ¿Ya "trujeron" suficiente leña? Hay que abastecerse, que ya viene la nieve.

– Ya trajeron la leña, mamá.

Nadie en la casa pensaba en la leña ni en las estufas. Ya los calentones de gas butano estaban encendidos en todos los cuartos.

– Quién sabe si estos muchachos acabarán de enjarrar antes de que llegue el hielo. ¿"Trujeron" el yeso para encalar las paredes de dentro? Hija ¿Quitaste de los techos las telas de manta para lavarlas?

La vieja casa había sido hace años "renovada" con cemento pintado por fuera, panel en las paredes de los cuartos, techos emplastados. . . .

– ¿Ya compusiste las cobijas? ¿Cosiste los forros? No dejes de deshacer los colchones, lavar la lana, varearla; y también componer las fundas. Hay que coserlas otra vez, que duren por el invierno, hasta la primavera.

Las cobijas y los colchones para toda la familia se compran desde hace años en Sears Roebuck.

– Hija, mira, ¿empacaste fruta? ¿Deshojaron y guardaron suficiente maíz? ¿Cuántas ristras de chile tenemos? ¿Secaron bastantes vegetales? ¿Habrá frijol para todo el invierno?

En este momento llegaban del supermarcado las dos hijas mayores con las provisiones para la semana. Traían de todo: latas de frutas y vegetales, pan Rainbow, carne helada, una bolsa grande de pop-corn. . . .

– Ay, qué memoria tan mala. ¿Recé ya mi rosario? Lo rezo cada día y nunca quiero olvidarme, y menos en octubre, que es el propio mes del rosario.

Hasta aquí llegan los gritos de la televisión que Doña Petrita casi no puede percibir por su sordera.

– Oh, llama a los muchachitos. Llega el día de los muertos. Que no se vayan a olvidar de los versitos cuando vayan a pedir los presentes.

– Vengan hijitos, así van los versos. . . .

Los niños están confundidos y avergonzados, y en seguida se regresan a la televisión y a sus juegos de aviones y pistoles.

– Mañana temprano salimos, mamá.

– ¿Donde vamos, hija?

– Allí va a estar muy contenta. Todo es muy bonito y la atenderán muy bien.

Salieron en automóvil el domingo en la mañana antes de amanecer. El cielo de otoño derramaba triste y lenta lluvia, como lágrimas, durante todo el viaje. Llevaba doña Petrita el vestido y los zapatos más nuevos, que no se había puesto desde el funeral de su esposo. La vitalidad y la plática de ayer se habían extinguido por completo. Durante todo el camino ella no despegó los labios ni se movió. Hija y yerno tampoco hablaron nada. Llegaron al destino cuando pardeaba el día.

– Ya llegamos, mamá.

Doña Petrita no dijo nada. Salió del carro sola, sin aceptar la mano de su hija. La anciana pareció recobrar de repente nueva energía y un valor lleno de dignidad. Apoyándose en su bordón, pero firme, se quedó por un tiempo mirando, a cierta distancia, a su hija y a su yerno. Clavó en ellos sus ojos, profundos y sin lágrimas.

– "No necesito ayuda," dijo doña Petrita.

Y caminó sola hasta la puerta del Asilo de Ancianos.

EL REGRESO

El autobús entró puntualmente en la plaza. Eran las cuatro y diez minutos de la tarde. Llegaba al fin Flaviano al destino final de su largo viaje. Como venía sentado junto al conductor, él fue el primero en apearse. Entró en la terminal y pasó de una vez al cuarto de aseo. Se acomodó la ropa interior, se ajustó el cinturón y luego la corbata ante el espejo. Se descubrió la cabeza y humedeció y peinó el cabello, cuidando de que no quedara demasiado aplanado con la gorra. Con los dedos índice y pulgar de la mano derecha repasó repetidamente su bigote. Se aseguró de que el bigote estaba espeso, negro y bien recortado. Sonríe ahora dentro de sí al recordar los pelos adolescentes, delgados y pálidos que, al tiempo de marchar al servicio militar, iban naciendo sobre su labio superior y que él se esforzaba en convertir en bigote. Con la misma toalla de papel que usó para secarse las manos, da una pasada a las botas que se quedan otra vez relucientes, y luego sale a la sala de la terminal. Se acerca a la ventana del equipaje, recoge los belises, los coloca junto a la cabina del teléfono público, hace una llamada y después se queda en pie, esperando, bien consciente del uniforme de las Fuerzas Armadas que viste con orgullo. Se asegura de nuevo de que los botones estén todos abrochados, sacude del saco algunas motas de polvo, inclina la cabeza y observa que las rayas del pantalón en ambas piernas siguen bastante bien marcadas a pesar de un viaje de casi medio mundo. Enciende un cigarrillo de marca alemana y se queda observando la ya casi desierta sala de la estación. Todas las estaciones de autobuses son lo mismo. Aunque ésta es muy pequeña y está situada en la tierra del encanto y en una preciosa ciudad, se respira en ella, como en todas, un aire deprimente y hostil; parece que huele a depresión y desamparo humano. Pero Flaviano ha recorrido mucho mundo y está acostumbrado a todo. Además, cualquier impresión queda superada por la emoción de pisar la tierra nativa.

Se abrió la puerta de vidrio y entró Lorenzo, su amigo de siempre, vecino y compañero de escuela desde el primer grado hasta la graduación del libro doce. Un abrazo y saludos entrecortados. Levantan entre los dos los belises y entran en el Chevrolet negro de Lorenzo. Lorenzo es chaparro y ancho de espaldas. Sigue igual de travieso, con sus risas y sus malas palabras. Viste ahora su traje de mecánico y huele a gasolina y a motores. Sin detenerse en la plaza, toman la carretera hacia el pueblito escondido al pie de las montañas.

Ya sabía la familia que en este mes de enero terminaba Flaviano su servicio militar, pero no quiso él comunicarles la fecha exacta de su venida, prefiriendo llegar de sorpresa. Iba Lorenzo manejando su carro con gusto y orgullo, feliz de transportar a su amigo uniformado como un general. No se atrevía hoy a exceder el límite legal de velocidad. Durante el trayecto de unos 15 minutos hablaron poco, pero sus corazones palpitaban felices.

Mientras Lorenzo gobernaba el volante del automóvil con su mano derecha, observó Flaviano en ella el anillo matrimonial. Ya sabía él que su amigo se había casado hacía tres meses. Se lo habían comunicado por escrito de la casa. Lo recordó ahora al ver el anillo, y con entrecortadas palabras, en tono entre malicioso y confidente, preguntó a Lorenzo cómo le iba yendo en su vida de matrimonio. Se rió el amigo hasta las orejas y con aire pícaro y serio al mismo tiempo, mezclando el inglés y el español, dijo que el matrimonio era la coas más linda del mundo, y que todo iba de lo mejor.

Pasando campos nevados, corrales y casitas dormidas, van los dos amigos llegando al pie de las altas montañas. Dejan la carretera principal y toman a su izquierda un estrecho camino de tierra, ahora cubierto de nieve y hielo. Este camino va bordeando por arriba el profundo valle donde está escondida la pequeña aldea. A lo largo del camino la pendiente está cortada casi verticalmente hasta abajo, sirviendo al valle de fantástica muralla. Todo este trecho se llama La Cuchilla. Antes de llegar al punto donde comienza el descenso y cuando estaban justamente enfrente de la aldea, pidió Flaviano a su amigo que detuviera el carro, y apeándose se quedó contemplando en silencio, por un largo rato. Está ocultándose el sol. Las montañas azules y blancas cercan el horizonte. Flaviano tiene ante sus ojos, abajo, la pequeña aldea que le vió nacer.

Estaba el pueblito asentando en la parte más ancha y plana del valle. Las casas, desde aquí arriba, parecían pequeños bloques de juguete colocados con la mano. Después de una ausencia de treinta y dos meses, para Flaviano, las montañas, el cañón, la naturaleza entera del lugar aparecía hoy, como nunca, gigantesca e impresionante. Sin embargo, las casitas del poblado, allá abajo, con sus corrales y pequeñas yardas, se veían diminutas e irreales.

En la luz rosada de este atardecer frío de enero, el cielo, el paisaje, la aldea . . . todo está inmóvil, como suspendido en un sueño distante; y al mismo tiempo, para el soldado, todo es real y propio.

Notaba por primera vez Flaviano que las casas, aunque

diferentes en forma, tamaño y orientación, estaban dispuestas en orden armonioso y cabal, a cierta distancia de la capilla y alrededor de la misma. Esta ocupaba el centro de la plaza. Detuvo Flaviano su mirada en la capilla por un rato. Notó en ella un aspecto distinto y algo triste. Ya no era blanca como él la había conocido toda su vida. Las paredes habían sido repintadas de un color café oscuro. Mañana domingo, pensaba, habrá misa. Cuántos meses, o años, desde la última vez que entró en una iglesia. El padre se sentará o oir confesiones. Desde el día que salió de su aldea para ir al servicio militar, Flaviano no volvió a recibir los Sacramentos. Nunca abandonó algunas oraciones aprendidas en la infancia, pero confesarse . . . era otra cosa. No era fácil andando por el mundo militar. Y cómo podría él ahora, después de tanto tiempo y tantas cosas. . . . Ya veremos, pensó. O es mejor no pensar. . . . Instintivamente se santiguó antes de apartar su mirada de la capilla.

Sintió Flaviano de pronto intenso frío en los pies. Miró hacia el carro donde Lorenzo esperaba pacientemente, con el motor en marcha, fumando y escuchando en el radio música ranchera transmitida desde la estación local. No comprendía el mecánico a qué venía la larga y silenciosa contemplación de su amigo, pero no preguntó nada, ni demostró impaciencia.

Solo a unas yardas de la iglesia distinguió Flaviano la cantina del lugar. Era una pequeña estructura cuadrada, con un porche al frente en cuyas columnas estaban pegados papeles de colores anunciando bebidas. En el borde del tejado relumbraba un anuncio grande de una marca de cerveza, con letras de neón. Cinco carros estaban estacionados ante la puerta de la cantina. Dentro había cierto movimiento y animación. Sintió el soldado atracción hacia aquel lugar; y una mezcla de seguridad de su hombría y de inquietud parecía brotarle desde dentro. A unos pasos de la cantina estaba la casa más misteriosa de todo el valle. El sabía, desde antes de irse al servicio, que en ella entraban hombres a altas horas de la noche. El nunca entró, pero ahora nada le quedaba por aprender de todas esas cosas.

La casa de Sylvia, con su tejado verde y su porche con ventanitas de vidrio, estaba un poco apartada de las demás, a la orilla del río. Al contemplarla se sintió Flaviano emocionado, y también alarmado. Han pasado más de dos años y medio desde el comienzo de aquel primer amor. Y tantos otros amores, y tantas aventuras. . . . Se dio cuenta de pronto de la colección de retratos que traía en la billetera. !Quién sabe! Le asaltaban las dudas, sospechas y una gran expectación. De todos modos, después de cenar con la familia, iría esta noche a visitar a Sylvia.

Ahora observaba Flaviano la casa paterna. Podía distinguirse la luz de la cocina. Había un montón de leña junto a la entrada, y varias bestias estaban inmóviles en el corral. Debía estar la mamá preparando la cena. Repasó Flaviano en su mente todos los regalos que traía. Venían envueltos y marcados con los nombres correspondientes: los papás, el abuelo, cada uno de los hermanitos. Sintió el soldado un ansia desconocida hasta entonces y una poderosa emoción.

La oscuridad surgía de las montañas e iba cayendo sobre el valle. Se hacía ya difícil distinguir las formas de las casas. Asomaba la luna al otro lado del cañón. De pronto, con paso decidido, Flaviano se dirigió al automóvil. "Vamos," dijo resueltamente.

Nadie en la placita sabía que esta noche regresaba el soldado.

LA DECISION

– Hijo, casi tres cuartos de siglo llevo en la Fraternidad. Desde que era niño. Ahora, a mis 87 años, con estos rehumos y con una vista tan pobre, ya no estoy muy activo en la Morada. Pero todavía el Hermano Rogerio, mi compadre, me lleva a las reuniones y servicios, y por mi parte, en lo que puedo, cumplo la regla. Además, los Hermanos me visitan seguido aquí en la casa.

Con su nieto Reynaldo está platicando don Miguel García, al tiempo que saborea un vaso de vino de capulín antes de su cena, en este atardecer del domingo.

– Bebe, hijo; el vino, con medida, es bueno, para el cuerpo y para el alma.

Reynaldo Fresques ha venido a pasar el fin de semana con su abuelo Miguel. Ultimamente las visitas de Reynaldo a su abuelo son más frecuentes. Desde hace unos cuantos meses Reynaldo viene experimentando un cambio importante en su vida. En su vida intelectual y en sus sentimientos personales.

Vive en Albuquerque, en el colegio, pero su abuelo lo atrae como un imán. El cariño y todo lo que el anciano platica ha adquirido para Reynaldo una importancia nunca antes sentida. Ya han pasado las disipaciones y travesuras de sus años de escuela secundaria y del principio del colegio. Reynaldo se siente distinto. Su participación en los alborotos por justicia y derechos acabaron en disilusión amarga. A pesar de su convencimiento, que dura todavía, de la justicia de la causa, aquellas actividades revolucionarias terminaron ya para él en desengaño y frustración. Las fantasías por parte de los grupos en los que Reynaldo tomaba parte, al no basarse en fundamentos de una reflexión profunda, y por falta de disciplina y trabajo serio, nada positivo han producido; solo un vacío absurdo y los frutos ponzoñosos del odio.

Reynaldo ha superado estas crisis. Ya no hay más tiempo que perder. Por eso está hoy aquí, visitando a su abuelo, con una actitud nueva, diferente, y con firmes decisiones. Hay que buscar nuevos caminos. Serán los caminos del estudio, de una verdadera educación. Será un esfuerzo valiente, definitivo, para ayudar a su gente desde los fundamentos auténticos de la historia, de la riqueza cultural, la lengua. . . . Ya ha decidido su campo de trabajo. Estudiará sin descanso y escribirá las verdades. La necesidad es urgente. Porque Reynaldo sabe cómo es tratada la herencia cultural de su gente. Muchos "expertos," académicos, profesores, antropólogos etc., enseñan esta cultura, escriben libros y tesis doctorales y organizan museos, pero poseen una actitud mental del todo ajena y llena de prejuicios. Las interpretaciones de estos "expertos" poco tienen que ver con las realidades que Reynaldo ha empezado ahora a comprender y a vivir entre su gente, en su aldea, con su abuelo García y en su propia alma. Esta será, desde ahora, su profesión, su carrera. "Será el mayor bien, piensa, que puedo hacer por mi raza."

La botella de vino de capulín está vacía. Terminada la cena, sigue la plática de sobremesa por un rato, a la luz débil de la lámpara. La plática del joven y el anciano en el rancho escondido, en la pequeña casa, ahora cercada por la oscuridad de la noche y el silencio.

— Abuelo, ¿por qué no me canta aquel "alabado" que comienza: "Oh Pan del cielo . . . ?

— Ay, hijito, a mis años ya casi no puedo llevar el tono. Pero así va:

Oh Pan del cielo admirable,
Oh dulcísimo alimento,
Tu eres la vida del hombre
Y la salud del enfermo. . . .

— Y así sigue.

— ¿Está usted contento por haber sido Hermano por tantos años?

— Sí, mucho. Pues cómo no. Yo aprendí mi fe, y los Hermanos nos ayudamos siempre a practicarla. Y también nuestro idioma, pues los usamos para todo, por regla. Luego el ayuno y las penitencias, cosas tan buenas, por nuestros pecados y los pecados del mundo. Además el advertirnos unos a otros nuestras faltas con espíritu de corrección fraterna. Y el cuidado de los enfermos, para que se alivien de sus males y no desesperen cuando Dios manda las enfermedades. Los Hermanos ayudan a bien morir y rezan mucho por los difuntos. Y también socorremos a las viudas y familias de los finados. Además, mira, hijo, la religión de nuestra Santa Madra Iglesia es fielmente practicada por los Fraternos. Siempre ha sido así, creo yo. Ha habido padres que no han mostrado aprecio por la Fraternidad, y hasta obispos, según dicen. Pero, sea por Dios. Es que no nos comprenden muy bien. Y ahora el mundo está bastante confundido, y parece que se pierden y cambian las cosas de la fe, y hay mucho enredo en la religión. Pues nosotros la seguimos igual. No hemos cambiado.

— La gente dice que los Hermanos llevan mucho secreto

en sus ejercicios y en la Morada.

– Tú ya debías saber mejor, Reynaldo. Es que los extranjeros quieren curiosearlo todo, meterse en todas partes y en todos nuestros asuntos. Vienen con máquinas a ver qué hacemos y qué decimos. Ya sabes que ellos no entienden nada. Y luego nos sacan en los papeles y en los libros, y dicen los mayores disparates. Eso no nos gusta. Antes no había mucho secreto; pero las gentes nos aburren y molestan. Los Hermanos tenemos que protegernos.

Esta noche Reynaldo tardó mucho en dormirse. Ponderaba en su pensamiento la realidad que él veía en su abuelo, contra las fantasías de profesores y escritores. Estos "expertos" que inventan teorías de todas clases para explicar lo que no pueden comprender. Psicólogos baratos que, al hablar de los Penitentes, se enredan sin fin en explicarlo todo por la "obsesión" del hispano por la muerte, por su "formalismo" en la religión, por el "fatalismo" que viene de la sangre mora, por aquel "misticismo" ciego de la raza, y por toda clase de "complejos psicológicos," según se explica en los libros y según dogmatizan los "profesionales."

Cuando Reynaldo despertó eran las cinco, y ya don Luis había completado sus oraciones de la mañana. Con la bendición del anciano, salió el estudiante hacia la ciudad, para llegar a su clase de las ocho. Manejando su automóvil, iba saliendo del cañón cuando apenas los picos de las montañas mostraban tenues resplandores del amanecer.

De pronto, y como sin previo aviso, sintió Reynaldo una especie de impulso espiritual. Una como iluminación interior, indefinida, pero de gran fuerza. Una inspiración que tomaba el sentido de una gran duda. "¿Dónde voy? ¿Para qué? ¿Qué busco? ¿Qué dejo? ¿Tiene sentido, en verdad, esta orientación de mi vida, con estas ambiciones?" Algo muy extraordinario surgía de lo profundo de su alma; o acaso venía de lo alto.

Iba Reynaldo en estos momentos pasando por la aldea de Chimayó. Una fuerza irresistible le hizo desviarse de la car-

61

retera y llegar hasta las puertas del Santuario. Salían entonces varias mujeres de la misa primera. Entró Reynaldo al sagrado recinto, y sintió que penetraba en un mundo familiar, y al mismo tiempo, nuevo y maravilloso. Algo estaba sucediendo en su alma, para siempre. Se hincó ante el Santo Cristo de Esquipula y permameció así, sin dar cuenta de sí, por largo rato.

Cuando salió del templo el sol estaba muy alto en el cielo. Decidido, sin una duda, radiante de alegría, Reynaldo emprendió el camino de vuelta hacia su aldea, escondida en el cañón.

TEMAS DE AYER Y DE HOY

SOBRE LOS PUEBLOS HISPANICOS

La lengua hispana es hablada por doscientos millones de seres humanos en los cuatro continentes de la tierra y en unas 25 naciones diferentes. España en Europa, pequeñas partes de África, gran parte del Continente Americano y las Islas Filipinas en Asia, forman la familia internacional hispánica. Un idioma común expresa y atestigua la comunidad racial y cultural de estos pueblos. En el proceso de formación de la familia hispánica en el mundo (a parte de las antiguas combinaciones y fusiones de sangres y culturas en la Península Ibérica) se han realizado, a través de más de cuatrocientos años, constantes enriquecimientos de sangre y espíritu entre los nativos de la vieja España y los de las jóvenes tierras de este lado del mar. Así se ha formado una raza nueva, ha aparecido sobre el planeta la gran familia indo-hispánica. Civilizaciones europeas, orientales y americanas, en un fecundo milagro de afinidad de cuerpos y almas, han creado para el mundo el hombre mestizo. EL MESTIZAJE, de la sangre en la mayoría y del espíritu en todos, con su historia, su idioma, su cultura, sus aspiraciones, su filosofía de la vida y su estilo, es uno de los más importantes fenómenos antropológicos y culturales de los tiempos modernos.

Existe una "leyenda negra" contra todo lo hispánico. Hace ya muchos años esta "leyenda negra" fue principalmente originada por los pueblos anglosajones, y está enredada con complicaciones históricas que no pueden ser aquí discutidas. Entre otras cosas, se ha hablado y se habla sin cesar del comportamiento cruel, egoísta y ambicioso de los españoles en el descubrimiento, conquista y colonización de América y Filipinas. Por otra parte, nuestros amigos han llegado a condenar como cosa bárbara e indigna de un "civilizado," el matrimonio con el indio. Esto en nombre de la civilización y de la pureza de la raza. Con esto queda condenado lo que es hoy esencialmente hispanoamericano: el MESTIZAJE. Las calumnias y prejuicios contra lo hispano son innumerables, y aunque bastantes historiadores modernos están revisando seriamente los escritos y juicios del pasado, será todavía trabajo de siglos deshacer la "leyenda negra" y aclarar prejuicios históricos. Baste ahora afirmar que, aunque ciertamente los abusos de los españoles fueron muchos y grandes, nadie podrá negar, sin embargo, que ninguna legislación colonial extranjera es comparable con las Leyes de Indias. Jamás fueron comprometidos los principios. Por las leyes se prohibió la esclavitud, se proclamó la libertad y dignidad de los indios, se estableció de inmediato la instrucción de los mismos como principal fin e intento de los reyes, se prescribió que las conversiones al cristianismo se consiguiesen con amor y nunca con fuerza. Jamás pasó por las mentes de los reyes, capitanes y soldados que los indios fueran seres inferiores; y, a pesar de los abusos en ocasiones, es parte de la riqueza espiritual del español creer en la igualdad esencial de todo ser humano, con dignidad sublime y destino eterno.

Jamás hallaron reparo, contando con las demás circunstancias favorables, en contraer matrimonio con Aztecas, Pieles

Rojas, Caribes, Guaraníes, Quechuas, Araucanos, Diaguitas, Malayas etc.

Es necesario reconocer que, a pesar de la unidad racial y cultural, la persona hispánica es individualista y nacionalista. Orgullosos de nuestras respectivas patrias, dejamos mucho que desear en cuanto a la cooperación con los demás miembros de la familia, para detrimento de todos. Esta situación es triste, porque sin duda, en gran medida la prosperidad material y espiritual de los pueblos hispánicos depende de la unión y solidaridad entre sí mismos.

Es en el campo de la literatura y las bellas artes en el que los pueblos hispánicos, a pesar de sus diferencias, se hermanan profundamente para gloria de todos ellos. En estas actividades del espíritu nuestros pueblos no han estado, ni están, por debajo de ninguna cultura del mundo. Al esplendor de las artes y arquitectura del siglo de oro español sigue el florecimiento en América como producto de la tradición ibérica matrimoniada con las grandes culturas Aztecas, Maya, Inca etc. Allá quedó Lope de Vega, Velázquez, Montañés y El Escorial; pero acá surgieron los resplandores de Garcilaso de la Vega, Sor Juana Inéz de la Cruz, Miguel de Santiago, Juan Correa, el convento de San Francisco de Quito y la catedral de México. Tan parecido, tan distinto. . . . Lo indio, lo hispano, lo mestizo. . . . Y esta espléndida tradición cultural y artística ha seguido hasta el presente. ¿Quiénes son en nuestros días Pablo Neruda, Siqueiros, Orozco, Guayanamín, Borges, Octavio Paz, García Márquez y tantos otros? ¿Qué podrá superar, en su orden, al museo de antropología de la ciudad de México?

La hermandad de los pueblos hispánicos se llama HISPANIDAD. La HISPANIDAD es una gran realidad física y espiritual. El MESTIZAJE es honor. Nuevo México es parte de la Hispanidad y del Mestizaje, tierra hermana en la familia hispánica. Para el conocimiento e interpretación de su propio carácter, cultura y misión, el nuevomexicano debe verse dentro del contexto de todo el mundo hispánico. El mundo hispánico es grande y hermoso. Los nuevomexicanos necesitan con urgencia un conocimiento más profundo y un intercambio más vital con sus países hermanos. Hay en Nuevo México grave peligro de aislamiento y "parroquialismo." La necesidad de apertura es hoy más urgente que nunca. Porque todavía existen nuevomexicanos de corta perspectiva, cuyos horizontes hispanos no llegan mucho más allá de las fronteras de Nuevo México. (A veces llegan hasta Colorado, California y Texas.) Todavía hay nuevomexicanos un tanto limitados en geografía e historia, que tienen miedo al mar, y que, yendo hacia el sur, hasta se ponen nerviosos al cruzar el Río Grande.

RIO GRANDE

*"Nuestras vidas son los ríos que van a dar a la mar que es
el morir."*

–Jorge Manrique, 1440–1479

"Alegres arribando el bravo Río del Norte . . ."

–Gaspar de Villagra, 1610

*"Rio arriba voy buscando
Fuente donde descansar."*

–Federico García Lorca, 1898–1936

Nace el Río Grande del Norte en las fuentes bautismales
de las montañas de San Juan Bautista, al sur de Colorado. En su
origen recibe el Río la bendición de San Juan con augurios de
desiertos, tempestades y martirios. La nieve se derrite a su
tiempo y baja de las montañas formando pequeños ríos que al
unirse van creando el caudal del Río Grande. Este establece su
curso que va destinado inexorablemente hacia el sur, hacia el
mar.

Desde sus montañas nativas el Río Grande del Norte emprende su peregrinación incesante de días y noches. En su curso sortea magníficas serranías, fecunda valles, cruza inmensos desiertos. Puede a veces pasar veloz y estrecho como culebra, otras amenazante y reventando de furia, otras veces sereno y lleno de majestad. Puede a veces ser ancho y cuadaloso, otras delgado como un hilo; otras veces desaparece del todo en las entrañas de la tierra, para después, más abajo, resurgir de su misteriosa cita.

Los ríos viven del amor de la tierra, y ésta del amor de los ríos. Es un matrimonio esencial y fecundo. Y siempre entre la tierra y el río hay una unión y una fidelidad que es móvil y fugitiva, pero que es inquebrantable hasta la muerte.

Por muchos miles de años el Río Grande ha reflejado en sus aguas el drama y la vida de muchos pueblos y gentes. Razas mongólicas inmigraron a este continente hace doscientos siglos. Otros llegaron poco antes de la era cristiana, y estableciendo sus moradas a las orillas del Río Grande, cultivaron en sus riveras maíz, frijol, calabazas y algodón. En los siglos XVI y XVII conquistadores y colonistas ibéricos siguieron su cauce y contra la corriente llegaron hasta las cercanías de su nacimiento. En tiempos más recientes vinieron nuevos inmigrantes de diferentes costumbres y filosofías. En los últimos días el Río Grande del Norte ha sido testigo de los descubrimientos aterradores de la energía atómica que han estremecido el universo y alterado el curso de su historia.

Los pueblos indios han establecido una relación milenaria y profunda con el Río Grande. Este conoce y custodia su historia, su cultura y sus almas. El romance sagrado entre el río y los pueblos sigue en la penumbra y el misterio.

Cuando Don Juan de Oñate puso sus pies en estas tierras en el año 1598, exclamó con voz solemne y orgullosa: "Tomo posesión una, dos y tres veces, y cuantas veces deba y pueda, de la actual jurisdicción civil y criminal de las tierras de dicho Río del Norte, sin excepción ninguna, con todas sus praderas y pasturas, todos sus suelos y pasajes. . . ." Siguió el intrépido caballero rumbo al norte trazando la ruta que vino a ser el Camino Real. Caminó siempre paralelo al Río Grande. Solamente en un trecho de unas 80 millas, al norte de Las Cruces, el Camino Real abandona la compañía saludable del Río Grande, para convertirse, con razón y sin remedio, en "La Jornada del Muerto."

Mientras Katchinas y Santos habitan sus riberas en apacible armonía, el Río Grande del Norte fluye cada día, como el curso del tiempo, de norte a sur de Nuevo México. Derrama bendiciones de frescura, narra viejas historias y leyendas, guarda secretos, ríe, llora y se lamenta, promete, y algunas veces sorprende y alarma, pero acaba por ser siempre amigo noble y fiel.

Hacia el sur va el Río Grande del Norte con nuestro saludo diario y los mejores deseos para nuestros vecinos de Texas; y llevando cada día un fuerte abrazo para nuestros hermanos y compadres mexicanos.

VESTIDOS DEL PASADO

Es bien sabido que por siglos el hombre hispánico ha sido famoso por su vistosa y atrayente manera de vestir. El nuevomexicano de los siglos XVII y XVIII no debía ser una excepción. En realidad poseemos hoy un conocimiento bastante completo de las costumbres y modos de vestir de las autoridades civiles y militares en Nuevo México durante la época colonial. Estas clases sociales llevaban más bien una forma de vida importada, en toda lo posible, de México y de España. La mayor parte de las personas ocupadas en asuntos oficiales no duraban muchos años en el remoto territorio. Parece que se sentían desterrados y aguantaban los años requeridos así como por penitencia, o para acumular mayores méritos en vistas a nuevas comisiones y mejores prebendas en más apetecibles lugares del imperio. Así pues, hablando de formas de vestir, sin duda las autoridades del territorio importaban y mantenían con fidelidad en estas lejanas tierras, materiales, costumbres y modas propias de las gentes de su oficio y de su clase en Madrid o en México.

Es claro, por otra parte, que desde el principio no faltaron aventureros valientes que se lanzaron a abrirse camino y a crearse una fortuna en esta tierra nueva. Escogieron establecerse en Nuevo México en forma permanente. Agraciados con privilegios reales, o motivados por legítima ambición y bendecidos con la buena suerte, muchos expedicionarios se afincaron en las tierras del norte y hallaron la prosperidad buscada. Surgió aquí, como en toda la América hispánica, el "hacendado." Así, no ha faltado en Nuevo México, por cuatro siglos, el hombre rico y "de buena sociedad." Y así, no ha faltado el "caballero nuevomexicano."

En cuanto a la forma de vestir, siguiendo este "caballero," por supuesto, la tradición española y mexicana, iba sin duda iniciando ciertas diferencias en su indumentaria. Documentos de la época nos lo describen montado en brioso caballo con silla de baqueta con remates y adornos de plata. Viste camisa blanca de algodón, con pliegues en la pechera y en los puños. Los calzones, también de algodón y de un color azul o café, van ajustados y quedan abiertos en la parte baja de las piernas, dejando visibles las extremedidades de los calzoncillos, y a ambos lados, a lo largo de las piernas, están adornados con hileras de botones de plata. Una banda o cinturón de seda de color brillante ciñe la cintura. Lleva medias tejidas de algodón, y calza zapato bajo. No le faltan para protección de las piernas las sobrecalzadas o polainas de baqueta. Completa su indumentaria un sombrero de ala ancha, de piel o de fieltro, adornado con una cinta de color y con remates de plata, y en fin, una capa española de terciopelo para las fiestas y ocasiones de consecuencia social.

Pero nos interesa más el paisano, el hombre común y ordinario, el pobre, el campesino que se estableció y enraizó en esta tierra. De la tierra sacaba él su alimento y con ella construía su vivienda. Nuevo México vino a ser su casa y su patria. Las tradiciones de este nuevomexicano, modificadas ligeramente por México, son de España; su cultura es necesarimente afectada por un ambiente regional muy peculiar, por el aislamiento, por la asociación e intercambio, a diferentes niveles, con la población indígena. En los valles, llanos y montañas de Nuevo México este hombre formó una tradición propia en su industria y artes populares. Así debieron de surgir ciertas peculiaridades en algo tan humano, tan cultural como el vestido.

La gente común en Nuevo México usaba prendas de vestir sencillas y prácticas. Las industrias caseras de hilar, teñir, tejer y coser eran bien conocidas y necesarias en la provincia. Los materiales eran simples y nativos. El nuevomexicano del campo usaba calzones de piel, y a veces de estameña, (anascote, jerguilla). La camisa era casi siempre de uno de esos dos materiales. Parece que la forma de calzarse fue bastante influenciada por la costumbre de los indios. En Nuevo México, desde finales del siglo XVII, debió ser corriente el sarape, tejido de lana.

Según los expertos, esta prenda proviene de una especie de mezcla de la capa española y de los mantos cuadrados de los Aztecas.

¿Y la mujer nuevomexicana? Las esposas e hijas de oficiales militares y civiles, y las de familias ricas trataban de mantener la elegante forma de vestir de la alta sociedad mexicana y española, usando sedas, mantillas sevillanas, mantones de Manila, encajes de Bruselas. No les faltaban buenas joyas, como tampoco cremas y perfumes caros. Las humildes paisanas, sin embargo, debían contentarse con mucho menos. En realidad solamente contaban con productos locales y rústicos. Era prenda común de mujeres una camisa de algodón hasta los tobillos, que servía de blusa y de enaguas. Sobre ésta, una amplia falda de un color suave y discreto, ajustada a la cintura con una ancha cinta, cubría hasta los pies. Parte del atuendo de la mujer era el mantón, o pañolón, o mantona, que caía de la cabeza o de los hombros; quedaba doblado en forma rectangular y también en forma de triángulo, y servía para defensa del frío, para asistir a la iglesia y para cualquier ocasión de alguna solemnidad. Al caminar por las calles o aparecer en público, las mujeres echaban el extremo derecho de esta prenda sobre su hombro izquierdo, cubriendo su rostro hasta los ojos según la tradición mora de las mujeres de España. Nótese que el rebozo, más mexicano, fue también prenda muy usada por la mujer de Nuevo México.

Todas estas informaciones son, claro está, muy fragmentarias e incompletas. No pretenden, ni mucho menos, ser exhaustivas. En realidad, a pesar de algunos libros escritos sobre la materia, no existe, a juicio del paisano, un estudio completo sobre la forma de vestir del pueblo común nuevomexicano en la época colonial. Este estudio sería una aportación de formidable valor para la interpretación del pasado nuevomexicano, y del presente. Porque la manera de vestir tiene mucho que ver con la psicología, la historia y la cultura de los pueblos.

PEREGRINAS DEL CAMINO REAL

En el año 1521 Hernán Cortés conquistó Tenochtitlan (la ciudad de México) y con ella el imperio Azteca. De inmediato la ocupación se fue extendiendo progresivamente hacia el norte del país, a través de la vasta y árida llanura. Y en 1580 la frontera hispana abarcaba unas 850 millas al norte de la ciudad de México, hasta el valle de San Bartolomé, hoy Villa Allende, unas 200 millas al sur de la ciudad de Chihuahua. Este fue el principio del histórico Camino Real, que más tarde seguiría hacia el norte, hasta terminar en la ciudad de Santa Fe, la capital más norteña de la colonia. Aunque varias entradas a las tierras del norte (Nuevo México) tuvieron lugar antes de la de Don Juan de Oñate, (Coronado 1540, Antonio de Espejo 1582, Gaspar Castaño de Sosa 1592, y otros . . .) estas jornadas siguieron un rumbo más bien al lado noroeste del estado de Chihuahua. Fue Don Juan de Oñate quien descubrió una nueva ruta, casi en línea recta, que extendió el Camino Real otras 700 millas, de San Bartolomé hacia el norte. Este último tramo—desde tierras chihuahuenses hasta Santa Fe—vino a llamarse también Camino Real de Chihuahua, y fue el lazo entre el norte rico y minero de México (Nueva Vizcaya) con las fronteras pobres y misioneras de Nuevo México. El día 11 de julio de 1598 Oñate, al llegar al pueblo de Okeh, (San Juan Bautista, en el Valle de Española) acabó de trazar una ruta de 1,500 millas desde la ciudad de México. Don Juan de Oñate es fundador y pionero del Camino Real. El empalme, más tarde, con las rutas de Missouri y "Santa Fe Trail" amplió el intercambio comercial y cultural, creando importantes capítulos en la historia de México, Nuevo México y el suroeste americano.

Ruta vital del comercio y la política, el Camino Real ha sido por siglos vínculo de cultura, idioma y religión. Hacia el norte y hacia el sur viajaban caravanas cargadas de provisiones para la vida física, y también cargadas de reservas para el espíritu. Camino de paz, camino de guerra, camino de esperanza y también de sangre y muerte. Por el Camino Real viajaron ilustres personajes, estadistas, santos y misioneros; y tambíen aventureros ventajosos, descastados y ladrones. Por el Camino Real llegó hasta Nuevo México, como un río, noble sangre Azteca, (era Oñate bis-bisnieto de Moctezuma) y la muy abundante sangre de indios Tlaxcaltecas, Tarascos y Otomíes. (¿Cómo se transmitieron y evolucionaron después estas sangres en Nuevo México?)

La más distinguida y noble personalidad del Camino Real es la Señora del Rosario, La Conquistadora. (Este segundo nombre "Conquistadora" no lo recibió por primera vez en tiempo de la reconquista de Santa Fe por Don Diego de Vargas; ya anteriormente lo llevaba, y así era llamada por haber llegado en tiempo de los primeros conquistadores.) La Real Peregrina fue acompañada, en 1625, desde la ciudad de México hasta Santa Fe por una comisión encabezada por el padre Alonso Benavides y el gobernador Felipe Sotelo. Fray Pedro Gómez menciona la Virgen y su cofradía en 1686. Don Diego de Vargas la reconoció y aceptó como Reina espiritual, Patrona de la Villa

Real y de "estos reynos de Nuevo México." Por 350 años, desde su trono, su serena belleza es fuente de luz, consuelo y paz para todos.

De no menos distinción y belleza, por el Camino Real llegó más tarde, desde tierras Aztecas, con su cortejo celestial, Nuestra Señora de los Angeles. La madonna escogió como residencia el pueblo indio de Pecos. Con los indios vivió hasta que, al tener ellos que abandonar sus hogares en 1838 para refugiarse en Jémez, la encomendaron elegantemente a los habitantes hispanos de la Villa de Pecos. Estos prometieron celebrar cada año su fiesta con misa y procesión el día 2 de agosto en la vieja capilla del pueblo. Así se hace hasta el día de hoy. El cuadro de Nuestra Señora de los Angeles es una obra maestra del alto barroco mexicano, realizada por el pintor Juan Correa (1675–1714), y es para Nuevo México una preciosa y simbólica ofrenda del país hermano. Con razón la iglesia de Pecos está orgullosa de poseer tan gran tesoro.

En los últimos años otra celestial dama llegó hasta Santa Fe, peregrina del Camino Real. No conocemos su lugar de origen. Tal vez la ciudad de México, tal vez América Central. Solamente sabemos que hace unos 60 años salió del estado de Chihuahua (San Nicolás de las Carretas) hacia el norte y se detuvo en Santa Fe. Es Nuestra Señora de Dolores. Y está aquí con nosotros. La que con su amor calma nuestras penas, recibe visitantes cada día en la capilla del Palacio de los Gobernadores.

Camino de los pueblos, camino de las almas. Dos países hermanos, vecinos y compadres. . . . !Qué importante es para Nuevo México mantenar con México siempre ancho y abierto el GRAN CAMINO REAL!

ALGO SOBRE MEXICO

Un viaje por tierras mexicanas puede ser, para algunos nuevomexicanos, una desilusión y aun una experiencia amarga. Sepa Dios qué va buscando esta clase de turistas, o en qué lugares o problemas se meten. O qué ideas y conocimientos del país llevan consigo. Con frecuencia van cargados de prejuicios y de ignorancia. Es una lástima, porque México es uno de los países más fascinantes del mundo. Es además país hermano (casi padre . . . en realidad muy "padre!") de Nuevo México. Debe admitirse que la gente nuevomexicana se ha distanciado demasiado de México, culturalmente hablando. Fuerzas complejas de la sociedad americana han causado, en parte, esa distancia. En este momento decisivo en que estamos empeñados en la salvación de los valores culturales nuevomexicanos, un contacto más frecuente y un diálogo más profundo con México es esencial. Debe esto llevarse a cabo, claro, sin confundir las cosas. No se trata de diluir la identidad cultural de Nuevo México; no se trata de confundirla con la de México. Esto sería ignorar la historia y los hechos pasados y presentes, y sería, además, una contribución a una mayor confusión y grave riesgo. Pero es urgente, para aquellos que reclaman aquí como suya la herencia cultural hispánica y también la americana indígena, ampliar los horizontes, abrir los ojos, aprender, apreciar y sentir tantas riquezas, tantos valores en los pueblos hermanos. Urge, especialmente, comprender a México. Esto por mil motivos. Las razones geográficas, históricas, antropológicas, etc., son demasiado evidentes.

UN NUEVOMEXICANO verdadero no puede pasar por México como un turista más, perdido y lleno de prejuicios. Hay que tratar de entrar al fondo en el alma mexicana. Uno puede contemplar con asombro la catedral de México y la catedral de Puebla, el Museo de Antropología, las pirámides de Teotihuacán y las de Chichén'Itzá. Esto lo puede hacer cualquier turista. Lo importante para nosotros es ahondar en la observación y contemplación para encontrar el alma del pueblo. Ahí se encuentran la cultura, como es su fuente. No se trata de "ver" México, sino de encontrarse con el Mexicano. Para lograr esto es necesario despojarse de muchas ideas preconcebidas y realizar, a veces, notables sacrificios.

PARA COMPRENDER al México de ayer y de hoy, es esencial descubrir ese vasto mestizaje biológico, cultural y espiritual que forma la base de la personalidad mexicana, con su temperamento, su arte y su filosofía. Es necesario tratar de percibir ese diálogo profundo que ha existido y existe hasta hoy entre la tradición indígena y la herencia latina; tratar de descubrir ese camino secreto por donde llegaron los valores cristianos al alma indígena, ese mensaje cristiano que los indios adaptaron y enriquecieron según su temperamento y su genio cultural. ¿En qué misteriosa forma se entendieron y se fundieron el arte precolombino y el barroco religioso? Pero no se trata precisamente de discusiones y análisis académicos, sino, ante todo, de descubrir en el pueblo la MEXICANIDAD.

Y ES NECESARIO ante todo, al visitar a la Virgen de Guadalupe, reconocer que uno se enfrenta no solo con algo religioso y sobrenatural, sino también, y ante todo, con la expresión más fuerte, (y más dulce) del mestizaje y de la cultura mexicana.

GUADALUPE NOMBRE Y VIDA

Se dice que los españoles no acertaban a pronunciar muchas palabras en el idioma nahuatl, que era la lengua propia de los indígenas de la ciudad de México. Así, "Quautlalapan," lugar donde la Virgen apareció a Juan Diego en el año 1531, vino a llamarse Guadalupe. No es ciertamente mucha la semejanza entre la palabra española y la azteca, pero el contenido milagroso de ambas, en México y en España, es casi idéntico. La veneración a la Virgen de Guadalupe data en España de hace muchos siglos. La imagen, el monasterio y la ciudad que llevan este nombre han significado siempre para los españoles algo sumamente familiar y profundamente religioso. Ha sido, y es, Guadalupe, centro y símbolo de alta cultura, de las artes y tradiciones hispánicas. Famoso lugar de peregrinaciones, Guadalupe de España estuvo íntimamente ligada a las hazañas del descubrimiento de América desde el principio. Muchos de los conquistadores, soldados y aventureros vinieron de la región de Extremadura, donde está situado egmasterio, y era ciertamente general entre todos la devoción a la antigua imagen española.

La historia nos dice que el Papa San Gregorio Magno, que vivió del 540 al 604, envió esta estatua como regalo a su amigo español San Leandro, Obispo de Sevilla. Parece que la Virgen permaneció en esta ciudad hasta el año 711, cuando los árabes invadieron la Península Ibérica. En este tiempo la apreciada imagen fue llevada a tierras extremeñas y fue enterrada para seguridad en las montañas llamadas "Guadalupe,"—palabra árabe que quiere decir "río escondido"—junto a la ciudad de Cáceres, región de Extremadura. Aquí a finales del siglo XIII, la preciosa estatua fue hallada milagrosamente por un humilde pastorcito llamado Gil Cordero. Pronto se levantó una ermita en el lugar, creció la devoción y se multiplicaron los milagros. Más tarde se construyó una basílica y se fundó un monasterio. Por los años del descubrimiento de América, Guadalupe de Extremadura alcanzaba la cumbre de su esplendor y de su influencia cultural y religiosa.

En 1531, solo 10 años después de la conquista de México por Cortés, la Virgen se apareció y habló repetidas veces al humilde indígena Juan Diego. (Hablamos anteriormente del idioma "nahuatl": el nombre original de Juan Diego era "Cuatitlatoatzin.") Con el milagro de las rosas y dejando su retrato en la tilma del indio, la Virgen confirmó ante el obispo de México, Fray Juan de Zumárraga, la autenticidad de las apariciones. El formidable poder espiritual y los milagros de la Virgen de Guadalupe de México han seguido sin interrupción desde entonces, hace cuatro siglos y medio, hasta nuestros días. El misterioso retrato de la Virgen, de tamaño natural, en líneas y colores suaves y puros, con aspecto de doncella indígena o mestiza de unos catorce or quince años, sigue intrigando al mundo. La Virgen del Tepeyac es la Dama de América. Especialmente para los humanos de raza indo-hispánica ella contiene y expresa, en forma sublime e indecible, el ideal más alto, íntimo y puro de la maternidad, de la feminidad y de la esperanza trascendente. La Virgen de Guadalupe es ante todo la dimensión infinita, el amor, la vida y la sustancia de todo corazón mexicano.

Unos 245 años más tarde, a finales del siglo XVIII, en la ciudad de Santa Fe, capital del territorio de Nuevo México, se levantaba una capilla en honor de la Virgen de Guadalupe. Este pequeño templo está todavía en pie en medio de nuestra Villa, y tiene el honor de ser el más antiguó dedicado a la Virgen Morena en lo que es ahora los Estados Unidos de América.

Ahí está la vieja iglesia de Guadalupe, una joya histórica, religiosa y artística de nuestra ciudad. A pesar de los azares del tiempo, de los accidentes sufridos durante casi doscientos años, ahí sigue en pie en la loma, junto al río, en el corazón de Santa Fe, este pequeño templo. Ahí están los muros que encierran sagrados recuerdos de muchas generaciones y que aún despiertan devoción, amor y orgullo en los santafesinos.

La licencia para construir esta capilla está anotada en los archivos de la arquidiócesis de Santa Fe el día 14 de octubre de 1775. No fué originalmente edificada como parroquia, sino más bien como un templo de devoción en honor de la Virgen de Guadalupe. Hacia el año 1880 adquirió la categoría parroquial, y por nombramiento del Arzobispo Lamy, fue el padre Jaime DeFouri su primer pastor.

Conservamos fotografías y diseños de su estructura original. Un bellísimo ejemplo de arquitectura nuevomexicana del siglo XVIII, de planta cruciforme, anchas paredes de adobe y esbelto campanario a tres niveles. El interior, relativamente bien conservado hasta el presente, contiene un espléndido artesonado de hermosas vigas y corbeles. Dominando el templo desde el muro del fondo, dentro del santuario, se halla una pintura de Nuestra Señora de Guadalupe de sumo interés, por su calidad y por sus dimensiones. Además de la Guadalupana en su parte central, el cuadro contiene cuatro episodios de la historia de las apariciones de la Virgen al indio Juan Diego en la montaña del Tepeyac, México, en 1531. Esta obra de arte fue probablemente realizada en México. Lleva la fecha de 1783 y está firmada por José de Alzíbar. Oscurecida y un tanto dañada por los años, la pintura fue restaurada en mayo del año 1969, gracias a la ayuda de muchos parroquianos y ciudadanos de Santa Fe interesados en la histórica iglesia.

Al hacerse cargo de la parroquia en 1880 el P. De Fouri llevó a cabo extensas reparaciones y modificaciones, desfigurando su carácter original y convirtiéndola en una pobre imitación de una iglesia de Nueva Inglaterra; sin llegar, gracias a Dios, a la destrucción total del hermoso interior. En nuestro siglo, 1922, todavía el famoso templo fue en parte devastado por el fuego, siendo entonces reconstruído en estilo californiano, forma en la que lo contemplamos hoy.

Siendo insuficiente la pequeña capilla para las necesidades de la congregación parroquial, el día 17 de diciembre de 1961, una nueva iglesia de grandes dimensiones, solo a unos pasos de la antigua, fue dedicada por el Arzobispo Edwin V. Byrne. Desde entonces la vieja iglesia de Guadalupe ha sido raramente usada para funciones sagradas, pero para los parroquianos y santafesinos sigue siendo un tesoro de fe y de historia.

El día de la fiesta de Nuestra Señora de Guadalupe, 12 de diciembre de 1974, el Señor Arzobispo de Santa Fe, Roberto Sánchez, anunció solelmnemente los planes para la restauración de la capilla. Hoy los trabajos de reconstrucción están bien adelantados.

Una fuerte tradición guadalupana, rica y generosa como la sangre, es parte esencial de los santafesinos y nuevomexicanos. El viejo santuario de Guadalupe es una joya de arquitectura y está cargado de importancia histórica y de valor religioso. Su restauración y preservación es un proyecto que ha despertado el interés y el amor, y será para todos una empresa de gloria.

En Extremadura, en la Basílica de México en la Villa Real de Santa Fe . . . Guadalupe está en la historia, está en el alma, está en la sangre.

84

VAMOS TODOS A BELEN

Humildemente y con respeto hay que dialogar con el campesino, el artesano de la aldea y el pastor del monte.

Es necesario poder escuchar su palabra sencilla, concreta, profunda y llena de realidad.

Las breves sentencias sobre la vida diaria nos descubren la sabiduría sin enredos, pura y directa, y nos enseñan a nombrar las cosas.

Todas las cosas tienen su nombre, en el camino, en el campo, en la casa.

En el tiempo de Navidad los nombres de las cosas son más propios, más íntimos, y su mensaje es más sustancial para el corazón.

Porque la Navidad nos trae una renovación hacia la infancia.

En este tiempo parece casi imposible no ser niños con el Niño Jesús; y los niños miran todo con mayor pureza y claridad.

Las nubes pasan, el cielo ríe, el monte vela.

En la pequeña aldea nuevomexicana se celebra la Navidad.

Aquí está la casa, el calor humano y la riqueza de la fe.

Ahora huele a ropa limpia y a encajes recién sacados de la petaquilla.

Los angelitos de la paz vuelan entre el vapor de los humates y sobre la lumbre de leña de piñón.

Una a una las cosas del hogar dicen su nombre como un canto; desde la silleta gastada, con sus patas aseguradas con alambres; los chilorios colgados en el portal; la cerradura de la cómoda con su chapa desprendida y su llave con dientes, hasta cada uno de los "triques" inútiles alzados en el tejaván.

Sobre un banco en la sala, calladitos y sin moverse, están el Niño, María y San José.

Están también el buey, la mula, los pastores con sus borregas y los reyes con sus camellos. Es el "Nacimiento."

Ninguno en el santo grupo se altera porque los miren, los recen o los tomen retratos. Calladitos están los tres, aturdidos de amor.

Ni se molestan porque los niños corran y griten, o porque los grandes se avienten con la guitarra entre los tragos y el pozole.

> "Cuando por el Oriente
> Sale la aurora,
> Caminaba la Virgen
> Nuestra Señora."

Todos los caminos conducen a Belén.

La Virgen y su marido van buscando posada de puerta en puerta por toda la aldea.

La Virgen, la parturienta, va fatigada del viaje.

La esposa del buen posadero que los recibe les ofrece pronto bizcochitos y un caldo de gallina.

A la media noche nació el Redentor en una choza de zoquete, paja y latillas.

Cantan los ángeles entre los osos y venados de la sierra.

Vencido por el Arcángel Miguel, Satanás se despeña por un voladero.

Llegan saltando de gozo los pastores, y hasta Bartolo los sigue, tropezando con su botella.

Repica la campana de la capilla para la Misa del Gallo.

"VAMOS TODOS A BELEN"

CIUDAD JUAREZ

Desde Santa Fe, el curso natural del Río Grande, o la ruta histórica del Camino Real, nos lleva, hacia el sur, hasta un punto geográfico crucial en la historia del Mundo Hispánico. Es El Paso del Norte. Paso, punto y ciudad clave entre México y lo que vino a llamarse el Suroeste Americano. Especialmente estrechos son los vínculos de esta frontera mexicana con el territorio de Nuevo México, y en forma especialísima con la ciudad de Santa Fe. Es una hermandad histórica y cultural de 400 años.

El bello nombre de El Paso del Norte fue sustituído en tiempos modernos por el del héroe de la revolución mexicana, Don Benito Juárez. Hoy se llama Ciudad Juárez. Solo la palabra "El Paso" quedó como nombre propio de la parte de población norte del río, hoy territorio texano-norteamericano.

Hay referencias históricas sobre misioneros que llegaron hasta El Paso del Norte por el año 1528. Alvar Núñez Cabeza de Vaca con sus compañeros, en su heroica marcha desde la isla de Malhado (mala suerte), del año 1528 hasta 1536, debió seguir hacia el oeste, parte del Río Bravo, cruzando después en el Paso del Norte para llegar a Sonora.

Con dirección a estos confines de la Nueva España, salió Sánchez Chamuscado de Durango en 1581 con varios soldados y tres franciscanos. (Fray Agustín Rodríguez era el superior.) La expedición no llegó a adentrarse mucho más al norte del Paso, ni conquistó tierras ni ciudades. De hecho ninguno de los expedicionarios regresó a México con vida.

La expedición de Don Antonio Espejo en 1582 fue menos trágica. Sin pérdida de vidas regresaron todos a San Bartolomé de Chihuahua en 1583. Fue precisamente Don Antonio Espejo quien por primera vez designó el territorio norte del Río Grande con el nombre de Nuevo México.

El intrépido Don Juan de Oñate, con su buena parte de sangre azteca, (bis-bisnieto de Moctezuma) toma posesión de Nuevo México junto al Paso del Norte el día 30 de abril de 1598, habiendo practicado días antes (el Viernes Santo) con sus soldados, allí mismo, al sur del Paso, saludable penitencia por sus pecados.

Podemos decir que El Paso del Norte, como población estable y organizada, fue fundada en 1659 por el padre franciscano Fray García de San Francisco. Este fraile valiente en infatigable fue el gran predicador y apóstol de los indios Mansos. El día 8 de diciembre de 1659 Fray García de San Francisco bendecía en una loma junto al río la primera capilla provisional en honor de Nuestra Señora de Guadalupe, construída con ramas de árboles y adobes. Este hecho marca propiamente hablando la fundación de El Paso del Norte. En el año 1662, con la bendición de la primera piedra, emprende Fray García la construcción de una iglesia-misión definitiva. Era entonces precisamente Virrey de México Don Francisco Fernández de la Cueva, Duque de Albuquerque. Después de seis años de constante trabajo, el hermoso templo fue concluído y bendecido el día 15 de enero de 1668 con el nombre de Iglesia Misión de Nuestra Señora de

Guadalupe Mexicana. Poblado y misión quedaron compren-
didos en la privincia de Nueva Vizcaya.

Bien conocida es la historia de la triste caravana de los
españoles que quedaron con vida en la sublevación de los
pueblos indios en 1680. Con el gobernador Otermín a la cabeza
huyeron hasta El Paso y se refugiaron en Nuestra Señora de
Guadalupe. Con ellos llevaron la venerada imagen de Nuestra
Señora del Rosario, La Conquistadora. De allí salío años más
tarde, en 1692, con sus soldados y la Virgen milagrosa, Don
Diego de Vargas, para reconquistar pacíficamente Santa Fe.

La iglesia misión de Nuestra Señora de Guadalupe de El
Paso del Norte sigue en pie hasta hoy día. Es una joya de
arquitectura colonial franciscana. Conserva toda su belleza
original, exceptuando su fachada principal que fue
reconstruída con mal gusto a principios del siglo XX. La historia
de Ciudad Juárez está estrechamente ligada a este templo, y los
juarenses están orgullosos del mismo y le profesan un profundo
amor.

Ciudad Juárez es fascinante por su pasado histórico,
pero además es de gran interés como ciudad moderna, llena de
problemas, pero rebosante de vida y de intereses culturales y
humanos.

LA CAPILLA DEL PALACIO

En el año 1928 una de las dependencias del Palacio de los Gobernadores, en Santa Fe, fue convertida en capilla nuevomexicana típica de mediados del siglo XIX. En estructura y decoro interior era un ejemplo de noble y sencilla belleza, semejante a tantas iglesias del país. No tuvo large vida, sin embargo, porque hace unos diez años la capilla fue eliminada con la mezquina excusa de proporcionar más espacio para la recepción ofrecida cada dos años al nuevo gobernador del estado al tiempo de su inauguración.

Con gran acierto, creemos, el Museo de Nuevo México ha recreado de nuevo esta capilla. Esperemos que no tenga una existencia tan breve como su antecesora. En realidad la capilla actual, que fue abierta al público hace poco, no es sino una fiel reproducción de la del año 28, idéntica excepto por algunos detalles menores. La idea que ha motivado al personal del museo a llevar a cabo tal proyecto es presentar a los nuevomexicanos y visitantes un modelo de iglesia rural típica de mediados del siglo pasado, con su funcionalidad, su atmósfera espiritual y noble encanto. Será un recuerdo permanente de la hermosura de nuestro arte religioso.

Preside el templo un gran retablo de madera tallada, obra del famoso José Rafael Aragón, de Córdova, por los años 1830. La madera, cubierta de yeso, fue después decorada con pinturas de agua. El retablo está coronado con tres medios medallones, cada uno con una persona de la Trinidad. En los otros ocho paneles son representados ocho santos: San Francisco, Nuestra Señora del Carmen, San José, San Antonio, San Miguel, Santa Ana, San Joaquín y Santiago. La parte delantera del altar está cubierta con un paño—"frontal"—bordado por Carmen Espinosa, según antiguos motivos y diseños. En el muro derecho del santuario podemos contemplar un estupendo Cristo cuyo autor no conocemos, pero que expresa el arte más puro del "santero." El púlpito, desde donde el sacerdote predicaba el sermón, sabemos que fue bendecido hacia 1850 por el Obispo de Durango, México, de cuya diócesis era parte Nuevo México. Una preciosa imagen de más de cuatro pies de altura descansa en una mesa cerca de la puerta de entrada. Esta estatua —como muchas otras—llegó desde Chihuahua, México, por el Camino Real. El poblado de donde vino se llama San Nicolás de las Carreteras. Es Nuestra Señora de Dolores; aunque, como era costumbre en aquellos tiempos, también servía para representar otras devociones: Rosario, Merced, etc., con solo cambiarle de vestidos.

La Capilla del Palacio contiene muchos otros objetos de interés histórico y artístico. Una visita detenida proporcionará a cada uno una experiencia cultural y espiritual. Es justo admitir que desde el Arzobispo Lamy hasta nuestros días la Iglesia Católica ha demostrado en general falta de sensibilidad por el arte religioso nuevomexicano. Muchas de nuestras iglesias han sido destruídas o abandonadas para ser reemplazadas por estructuras modernas sin ningún valor y ajenas a nuestra cultura y tradición. Otras veces han sido reconstruídas sin respeto a la belleza y nobleza originales, acabando totalmente desfiguradas en nombre de un "estilo más moderno." Santos y tesoros del culto han sido malvendidos a negociantes astutos, y otras veces robados, mientras en nuestras iglesias nos hemos contentado con estatuas y objetos baratos y comerciales.

Es urgente que párrocos y parroquianos se alerten y cuiden celosamente lo poco que nos queda para no perder del todo este patrimonio cultural y religioso. La Capilla del Palacio puede servirnos de modelo y ser constante toque de atención para nuestras conciencias.

IGUALDAD O QUIEN MANDA

Los derechos de la mujer y su liberación constituyen uno de los temas más apasionados de nuestro tiempo. En torno a este problema existe diversidad de opiniones, nacidas a veces de marcados prejuicios y con frecuencia expresadas con descontrolada pasión. En realidad no está claro en qué consiste una mujer liberada, ni son unánimes las opiniones en cuanto a la igualdad entre el hombre y la mujer.

No sólo en los Estados Unidos y en países anglosajones, sino también en las culturas latinas e hispánicas, el movimiento por la liberación de la mujer va adquiriendo mayor fuerza cada día. Parece, sin embargo, que los conceptos esenciales de este movimiento no son idénticos en ambas civilizaciones. En nuestros países la mujer, en general, no trata de establecer una competencia con el varón, y menos de hacerse su rival y enemigo, y muchísimo menos de perder su propia feminidad. No es cuestión de que la mujer se haga ''hombruna''; más bien el ideal es que ella se libre de la esclavitud y servidumbre, que desarrolle sus talentos y capacidades naturales, pero esto sin causar conflicto con su condición de mujer, madre, esposa, amante. . . . Existe una tradición (y más que nada una leyenda) de que la mujer hispánica ha estado siempre relegada a la categoría de esclava del varón. Se ha exagerado la influencia de los moros en cuanto al concepto hispano de la mujer. Abundan las observaciones fáciles y superficiales. Una análisis más profundo podría revelar que la mujer hispana ejerce su dominio y su formidable poder en forma diferente de la mujer de otras razas. El mismo análisis haría ver que en realidad la mujer no es tan esclava como puede parecer a primera vista. El varón hispánico puede causar engaño con sus apariencias de machismo y tiranía, pero, aunque él nunca se atreva a confesarlo, de puertas adentro, no está claro en realidad que sea él quien manda. Pero además no se trata de una relación de derechos, o de competición, sino de algo más profundo. De todas formas, la mujer hispánica ha sido y es víctima de prejuicios y "leyendas negras" por parte de muchos que no quieren o no pueden comprender la cultura de la raza, ni su historia y sus valores, ni su psicología.

El mundo hispánico posee una tradición gloriosa de mujeres "liberadas," que lo fueron sin dejar de ser eminentemente femeninas. La Reina Isabel I de Castilla (Isabel la Católica) es un ejemplo preclaro. Nadie puede poner en duda su enorme talento político, la valentía en las empresas, la independencia de juicio, el conocimiento de la naturaleza humana, su valor y decisión ante el riesgo y la aventura, como lo demostró al alentar y ayudar a Cristóbal Colón en la formidable empresa del descubrimiento de América. Expresando la igualdad entre la reina y el rey, el pueblo acuñó el famoso dicho: "Tanto monta, monta tanto—Isabel como Fernando." El pueblo bien sabía, como sabemos hoy nosotros, que la reina excedía al rey con mucho en capacidad y valor. Y a pesar de ello, era Isabel, como es claramente sabido, una mujer sumamente femenina y delicada en todo y con todos, y profesaba ella la mayor ternura y respeto a su esposo Don Fernando.

Podríamos hablar de Santa Teresa de Avila. Además de su talento de escritora y poetisa, su fortaleza y valentía quedó ampliamente demostrada en las increíbles hazañas y empresas de su vida. La historia y sus escritos nos enseñan qué clase de mujer era esta monja. Nunca le faltó valor para acometer los proyectos más difíciles, ni para enfrentarse, cuando era necesario, con obispos y con los grandes de este mundo. Y sin embargo era ella una dama de desbordante dulzura mística, de dulcísimo trato, de inigualable feminidad.

!Cuánto se podría decir, a este resecto, de la gran musa mexicana, otra monja, Sor Juana Inés de la Cruz! Desde la celda de su convento ejerció esta mujer una influencia enorme en la vida política, intelectual y cultural en la Ciudad de México durante el siglo XVII. (Sería interesante saber si Don Diego de Vargas, antes de salir hacia Nuevo México, tuvo ocasión de tratar o conocer a la monja.) Sor Juana sintió desde la infancia anhelos apasionados de infinitos conocimientos intelectuales, científicos, artísticos, musicales. La historia y sus escritos nos revelan las alturas alcanzadas. Pero ella amaba y cultivaba todas las ciencias con una fresca manera femenina. En sus libros, sobre todo en sus poemas, podemos sentir la ternura de una mujer enamorada a lo divino (y a veces a lo humano), y podemos percibir toda esa gama de cualidades y afectos que distinguen el mundo femenino y que lo hacen tan atrayente para todo varón. Esta monja mexicana levantó su voz con valentía—y con maravilloso estilo poético—contra los abusos del sexo masculino de su tiempo:

"Hombres necios que acusáis
a la mujer sin razón,
sin ver que sois la ocasión
de lo mismo que culpáis.

"Con el fervor y desdén
tenéis condición igual,
quejándoos si os tratan mal,

96

burlándoos, si os quieren bien.

"Siempre tan necios andáis
que con desigual nivel
a una culpáis de cruel
y a otra por fácil culpáis."

La fuerza de estos versos en nada contradice a los no menos bellos versos de amor hacia los hombres.

Tres formidables mujeres "liberadas" en la historia del mundo hispánico. Una en cada siglo: la reina Isabel en el XV, Teresa de Avila en el XVI, Juana Inés de la Cruz en el siglo XVII. Millones más, de cierto, a lo largo de la historia, a pesar de leyendas negras. En cuanto a los tiempos presentes, harán bien nuestras mujeres en buscar su liberación por las rutas luminosas de Isabel, Teresa de Avila, Sor Juana Inés de la Cruz. El varón hispánico no tiene inconveniente en que se liberen, siempre que no dejen de ser hispánicas y siempre que, ante todo, no dejen de ser mujeres.

DON QUIJOTE, SIEMPRE

"Manantial inagotable de honda filosofía y modelo de buen decir, exacta representación simbólica de la humanidad, libro el más real y el más idealista, el más alegre y el más triste de cuantos se han escrito. En sus páginas aparece el más perfecto retrato del ser humano, con sus vicios y virtudes. En sus diferentes personajes se ven fotografiados los distintos estados de ánimo y modos de ser de los que nos rodean. A ésto se debe el éxito universal del libro de Cervantes."

Don Quijote tiene sus raíces y base en la raza hispana; pero no está limitado a una cultura, a un pueblo, a una tradición. Es un fenómeno internacional, universal, y es único en todo el planeta. "En cada ser humano que es noble, idealista y bondadoso, de alguna forma vive Don Quijote de la Mancha." Muy pocos, o tal vez ningún libro puede compararse al Quijote, después de la Biblia. Se lee una y mil veces, y nunca se agota, no tiene fin. Cada persona encuentra siempre en él lecciones profundas de vida, todo lo que necesita y busca. Don Quijote de la Mancha se ha impreso muchos miles de veces, en todos los países y lenguas. Sigue siendo, en todos los pueblos y culturas, libro esencial y apropiado para intelectuales y para gente sencilla.

En el año 1605 apareció en Madrid la primera edición del libro inmortal "El Ingenioso Idalgo Don Quijote de la Mancha," de Miguel de Cervantes Saavedra. Siete años antes—1598—Don Juan de Oñate con sus hombres cruzaba el Río Grande y tomaba posesión de Nuevo México. Don Pedro de Peralta siguió a Oñate en 1609, y en 1610 fue fundada la Villa Real de Santa Fe. En términos generales podemos decir que la presencia hispana en Nuevo México coincide con la presencia de Don Quijote en el mundo. Por los años de Don Diego de Vargas—1692 . . .—ya debía ser Don Quijote bien conocido en la península Ibérica y en el territorio hispano de ultramar.

Si Don Quijote de la Mancha es patrimonio del mundo, ¿no podrá ser permitido a Nuevo México enorgullecerse de una relación especial con el Caballero de la Triste Figura? A parte de las coincidencias históricas, Nuevo México mantiene una lealtad a Miguel de Cervantes y a su Caballero Andante que no tiene igual en ninguna parte de la tierra, ni siquiera, tal vez podría decirse, en el mismo suelo ibérico. El humor, las situaciones humanas, el lenguaje y las filosofías de Don Quijote y su escudero Sancho Panza mantienen todavía muy vivos ecos en llanos, valles y montañas de Nuevo México. !Cuánto había que estudiar y escribir a este respecto! Tal vez la pareja inmortal vive aún y peregrina por estos países. Tal vez Don Quijote y Sancho siguen por Nuevo México sus aventuras y su plática con el ventero, el cura, el barbero, Doña Dulcinea, el Licenciado y los molinos de viento.

Muchas palabras, frases, modos de decir del Quijote, se conservan con fidelidad por estas tierras. Los siguientes dichos y refranes, rebosantes de sabiduría popular y "nuevomexicana," son del libro de Cervantes, (salen de la boca de Sancho en el espacio de sólo tres capítulos) y son propiedad también de estas gentes y estas tierras:

- Quien canta sus males espanta.
- No es un hombre más que otro si no hace más que otro.
- Donde una puerta se cierra otra se abre.
- Ruin sea quien por ruin se tiene.
- Quien "canta" una vez, llora toda la vida.
- El que compra y miente, en su bolsa lo siente.
- Con su pan se lo coman.
- Desnudo nací, desnudo me hallo, ni pierdo ni gano.
- ¿Quién puede poner puertas al campo?
- Quien está ausente, todos los males tiene y teme.
- Más vale pájaro en mano que veinte volando.

LA CAPILLA DEL ROSARIO

Hace 150 años, en todo el territorio que es hoy los Estados Unidos, ninguna ciudad del tamaño de Santa Fe estaba tan surtida como ésta de capillas e iglesias: San Francisco, San Miguel, Nuestra Señora de la Luz (La Castrense), Guadalupe y Rosario, además de otras cuantas capillas y oratorios privados o semiprivados. La antigua parroquia de San Francisco fue destruída en tiempo del Arzobispo Lamy (1870 . . .) al ser edificada la nueva catedral. La Castrense fue asímismo demolida en tiempo del primer Arzobispo. San Miguel, Guadalupe y Rosario están todavía en pie. De estas tres, la capilla del Rosario es la menos antigua y la más sencilla, pero en cierta forma la más interesante y querida por los santafesinos de ayer y de hoy por estar dedicada a la Patrona de Santa Fe y de Nuevo México, y por su uso en las fiestas y procesiones en honor de la misma Virgen del Rosario, La Conquistadora.

No parece tener substancia histórica la leyenda de que Don Diego de Vargas hizo voto de edificar, y edificó una capilla a Nuestra Señora del Rosario en el lugar exacto donde acampó en 1692, preparándose para tomar la ciudad. Según documentos conservados en los archivos de la arquidiócesis de Santa Fe, el obispo de Durango, México, aprobó en 1806 la petición del padre Francisco de Hozio para la construcción de una capilla en honor de Nuestra Señora del Rosario. El templo parece que fue terminado en el otoño de 1807, y fue dedicado a N.S. de la Conquista. La construcción es típica del estilo "Santa Fe-Pueblo" de aquel tiempo. La parte original es de unos 100 pies de larga por unos 30 de ancha y unos 30 de altura, de muy bellas proporciones, con un artesonado de hermosas vigas, con un interesante balcón en el coro y un retablo típico de gran belleza. Este retablo fue construído para la capilla por el famoso santero Pedro Antonio Fresquís en 1809, y, colocado en el ábside, servía de trono a la Conquistadora. Esta obra de arte fue víctima del descuido y deterio, y por muchos años ha permanencido en estado lamentable de conservación. En el año 1975, por iniciativa de la Cofradía de la Conquistadora y otros devotos, esta preciosa reliquia ha sido cuidadosamente restaurada a su belleza original. El señor Alan C. Vedder es el responsable por esta delicada tarea, ayudado por el señor David Scott-Melville, y gracias a un donativo de la fundación Monsimer Trust. Ultimamente otra hermosa joya artística ha sido colocada en la capilla del Rosario. Es un cuadro pintado al óleo. Representa la Virgen del Carmen y está firmado por el pintor mexicano José de Alzíbar, el mismo que en 1783 realizó la formidable pintura de la Virgen de Guadalupe que preside el santuario de este nombre en Santa Fe.

La capilla del Rosario ha sufrido transformaciones substanciales a través de los años. En 1914, bajo la supervisión de Monseñor Fourchegu, Rector de la catedral, una estructura de mayores proporciones fue añadida a la capilla original en su parte este. Quedó así la parte antigua como si fuera el crucero de una capilla mucho mayor. Con esta añadidura se ganó el espacio necesario para acomodar a los fieles, pero el templo perdió el encanto de las proporciones primitivas.

El trono más antiguo y propio de la Conquistadora es su capilla de la catedral de San Francisco; pero su segundo palacio, podemos decir "su palacio de verano," es la capilla del Rosario. En esta la Señora pasa una semana cada año entre visitas, cantos y oraciones de sus devotos. Aquí también, al final del verano, en la gran Fiesta, la Virgen preside la Misa de De Vargas, esa Misa tan cargada de fervor y significado histórico.

La inmemorial y venerable Cofradía de la Conquistadora tiene bajo su cuidado a la Señora y sus dos capillas. Esta Cofradía es la más antigua institución de esta clase en los Estados Unidos. Hay documentos que acreditan su existencia ya en 1685. Probablemente existía ya muchos años antes. Por tres siglos la Cofradía ha tenido a su cargo el culto y veneración a N. S. del Rosario, y justamente ésto esta haciendo hoy día. Es en verdad un orgullo y alto honor ser miembro cofrade de la Virgen. Al mismo tiempo parece justo recordar a estos santafesinos de raíces que la histórica capilla debería adquirir hoy nuevo esplendor. Además de las celebraciones arriba mencionadas, la Cofradía debería organizar y promover en honor de la Patrona festejos más frecuentes, (cada semana o cada mes); y también otros acontecimientos especiales que reaviven nuestras preciosas tradiciones y nuestra devoción mariana; y también que hagan resplandecer para todos el mensaje de paz, hermandad, justicia y entendimiento que la Conquistadora simboliza y contiene.

LA CUARESMA

El aire es más pesado; se palpa con las manos y pesa sobre la espalda. Hay una tristeza en el cielo y en la campiña. La expresión de los paisanos se ha tornado de pronto más seria y religiosa, su caminar más lento, su conversación más comedida. Capillas y oratorios en las plazas, en los caminos, en las sierras, hablan a las almas con mayor misterio; y la cruz de la loma se marca con más fuerza contra el cielo. Los valles y montañas de la "Sangre de Cristo" se pueblan de oraciones, huelen a santidad y a sentimiento profundo.

En el calendario litúrgico-lunar faltan cuarenta días para el domingo de Pascua. Comienza el Tiempo Santo. Es la Cuaresma. Hoy es Miércoles de Ceniza.

Ya en las civilizaciones más antiguas de la humanidad la ceniza fue usada con fines religiosos, mágicos y medicinales, y ha sido general para los pueblos ver en la ceniza un simbolismo de la mortalidad, la aflicción y la penitencia. En el Antiguo Testamento es frecuente el uso de la ceniza con estos significados, y también para expresar la soberanía de Dios Creador, en honor del cual se ofrecían holocaustos de animales, cuyas cenizas, después de haber sido sacrificados y quemados, eran consideradas como cosa sagrada, con virtud santa y purificadora.

La Iglesia heredó estas tradiciones y, desde el principio del cristianismo, se celebran ritos sagrados que requieren el uso de la ceniza. La ocasión más solemne tiene lugar el miércoles que sigue al Domingo de Quinquagésima, que es el primer día de Cuaresma. La imposición de la ceniza es ceremonia practicada en la iglesia desde sus orígenes, y el Miécoles de Ceniza señaló, desde el siglo VIII, el principio de los ayunos y penitencias cuaresmales.

En la actual liturgia la Iglesia convoca en este día sus fieles al templo para imponerles ante el altar la ceniza sobre la frente marcando una cruz. Oraciones muy antiguas (siglos VIII–X) acompañan la ceremonia, y la imposición se hace pronunciando el ministro la sentencia: "Acuérdate, hombre, que eres polvo y en polvo te convertirás."

Para nuestro pueblo, que ama y vive el drama, la imposición de la ceniza es el primer acto de una representación de la muerte y la vida. El acto final será la gloria de la Pascua.

Ahora es Tiempo Santo. Reina el recogimiento en los hogares. Se observan ayunos, abstinencias y hay largos servicios religiosos. Se cancelan las diversiones profanas. Hasta cantar fuera de la iglesia, tocar un instrumento y aun chiflar, son distracciones impropias de este tiempo.

Hoy en la ciudad y en las aldeas los fieles se encaminan a los templos, y en los campos, entre pinos, yucas y chamizos, avanzan por las veredas hacia las capillas. Los Hermanos de Nuestro Padre Jesús suben las lomas santas hasta sus Moradas. Los "Santos," en la iglesia, en las Moradas, en la sala y en la recámara, se reaniman con honda expresión y tenues resplandores. Hoy se renueva la práctica de las Estaciones de la Cruz, y hoy, en el templo, en el camino, en el monte y en las almas surge la fuerza de la cruz, esa cruz que es esencial para comprender al nuevomexicano de ayer y de hoy. Este nuevomexicano que, en su fervor y prácticas religiosas, puede parecer anacrónico y que no va de acuerdo con el mundo actual; pero en verdad posee un tesoro de reservas espirituales y un valor intemporal profundo.

En los hogares hay aroma de lentejas, panocha y alverjón. Fuera, el tiempo está revuelto. El frío, sin ser ya intenso, es insistente, y el viento—'febrero loco, marzo poco . . . '—levanta remolinos. Nubes oscuras, de pasión, se forman sobre los picos de la "Sangre de Cristo," y puede caer la nieve, pero ya será blanda e insegura. En los árboles y las plantas de la tierra hay un intento de despertar, pero se van conteniendo, por respeto, hasta que se levante glorioso el Arbol de la Vida. Durante el Tiempo Santo volverán las golondrinas—a quitar las espinas de la cabeza de Cristo; y nacerán los borreguitos—para ser figura y símbolo del Cordero Pascual. Las acequias correrán como la sangre de las llagas del Señor, y el Domingo de Pascua se tornarán en ríos de gloria.

Miérocoles de Ceniza. Tiempo Santo. El tiempo verdadero de estas tierras, de estas almas. Tiempo morado de la pasión de Jesús, tiempo repleto de silencio y de oración, rebosante de dolor y de riqueza humana y espiritual. También tiempo henchido de la esperanza de las flores y del sol radiante de la Pascua.

SANTA FE—COPLAS
PARA EL TIEMPO SANTO

1

Santa Fe, dolor y encanto,
Corazón, punto y destino,
Cuando me alejo de tí
Se me borran los caminos.

2

Santa Fe estaba de duelo
En mantilla de tristeza,
Y por las penas del río
Lágrimas de hierbabuena.

3

Santa Fe estaba sin luna
La noche del Viernes Santo,
Desde la Sangre de Cristo
Angeles la están velando.

4

Solita con su rosario
La Virgen va entre los pinos,
Katchinas y niños juegan
Por el chamizal florido.

5

La Virgen de Guadalupe
De luto se está vistiendo,
Por Agua Fría los pájaros
Lloran lirios de silencio.

6

San Miguel junto a la Cruz
Montaba guardia de honor,
San Francisco deshojaba
Cinco geranios en flor.

7

Santa Fe, dolor y encanto,
Corazón, punto y destino
Cuando me alejo de tí
Se me borran los caminos.

SAN ISIDRO DEL CAMPO

La fiesta de San Isidro se celebra el 15 de mayo. Este santo es el patrón de los que cultivan la tierra. La santa tierra que regó San Isidro con el sudor de su frente. El santo labrador consiguió su plenitud humana y su santidad entregándose día tras día al noble trabajo de los barbechos, las siembras, escardas, riegos y cosechas. Muy bien conocido, amado y rezado es este santo en Nuevo México, representado mil veces con su traje de campesino, sus botas altas de rancho, su sombrerete, al angelito que le ayuda a abrir los surcos y la amable pareja de bueyes. En medio de la primavera la fiesta de San Isidro nos inspira siempre y nos mueve a meditar en el milagro de las plantas, en la belleza y utilidad que existe en el cultivo de la tierra y en la grandeza de este oficio. Por estos días, alrededor de la fiesta de San Isidro, tiene lugar la bendición de los campos. Ahora es el tiempo de las ''rogativas'' o procesiones por los sembrados para implorar sobre ellos las bendiciones de lo alto. (Estas bellas y antiquísimas costumbres están desapareciendo en nuestros días.)

Pasó ya (¡esperamos!) el peligro de los hielos, y en estos días se completan las siembras y el plantar en Nuevo México. Ahora nos queda solamente esperar la protección del cielo y los favores del bondadoso San Isidro para que el tiempo sea favorable; y también por nuestra parte, es necesario poner todo el empeño en mantener la tierra limpia y bien regada para que la semilla germine, crezca y llegue a producir abundante fruto.

La tierra es la base de la vida humana; de la tierra proviene todo; ella alimenta animales y hombres, y contiene todas las cosas que la humanidad necesita para su existencia. Sobre la tierra vivimos y ella nos recibe con bondad maternal cuando la vida llega a su fin. El cultivo de la tierra es trabajoso, muchas veces ingrato y arriesgado, pero siempre es una ocupación noble y una bendición de Dios. Dichosos son los que en este mundo moderno, industrializado y mecanizado, pueden todavía mantener el contacto directo con la tierra.

La trágica y triste historia de las propiedades de terreno en Nuevo México es algo que no puede ser discutido aquí. Solamente se trata ahora de reavivar nuestras conciencias y despertar el amor por la bendita tierra que es madre y fuente de vida, fundamento de la cultura y escuela de la verdadera educación. Dichoso, otra vez, el que puede labrar la tierra, el que puede sembrar y cosechar. Ciertamente la vida moderna se empeña en desenraizarnos, en crear necesidades falsas, en proporcionarnos entretenimientos fáciles, engañosos y costosos, que nos apartan del suelo y su cultivo. Y es verdad que hoy en día no es posible para muchos vivir exclusivamente de la tierra; pero es cierto que casi todo nuevomexicano puede emplear alguna parte de su tiempo, si se lo propone, en contacto con alguna parte de la tierra, cultivando vegetales y frutas. Este trabajo proporciona siempre un alivio para la bolsa (sobre todo en nuestros días con los enormes precios de las tiendas), un deleite para el paladar, un sano ejercicio para el cuerpo y una saludable experiencia para el alma. ¡Cuántas horas perdidas viendo estúpidos programas de televisión que atontan como las drogas, y anuncios comerciales que lavan el cerebro de chicos y grandes! !Cuánto más sano y productivo sería emplear todo ese tiempo en cultivar un buen jardín! Para niños y jóvenes la tierra es una escuela de trabajo, disciplina y generosa bondad. Con ella se aprenden las virtudes humanas y también la religión. Aquí los jóvenes aprenden mucho más que cuando andan perdidos por calles y plazas, o cuando se dedican a quemar gasolina, tiempo y preciosas energías. Para todos es mucho más honrado, noble y provechoso pasar buenas horas entre el maíz y el alverjón, con el betabel, los pepinos, y con el amable y santo agricultor Isidro.

PECOS Y NUESTRA
SEÑORA
DE LOS ANGELES

La fiesta se celebra todos los años, el primer domingo de agosto. El lugar son las ruinas del antiguo pueblo de Pecos. Preside los festejos el precioso retrato de Nuestra Señora de Los Angeles.

Estas ruinas de Pecos contienen una larga y fascinante historia. Sabemos que hace unos 450 años los habitantes de este pueblo formaban la comunidad más numerosa en todo el territorio que es ahora los Estados Unidos. Fueron Coronado y su pequeño ejército los primeros hombres blancos que tuvieron noticia de la existencia de este pueblo. Cuando descansaban en Cíbola (hoy Zuñi) en julio de 1540, un grupo de indios llegó desde el oriente. Encabezados por el legendario "Bigotes," venían a dar la bienvenida a los españoles y a invitarlos a su ciudad. Coronado, influenciado por el intrigante y ladino "Turco," cometió la iniquidad de encarcelar a "Bigotes," hombre que, según todas las referencias, parece haber destacado por su nobleza y admirable carácter.

Las varias crónicas de la expedición de Coronado nos ofrecen amplias descripciones del pueblo de Pecos (entonces llamado Cicuic) y de sus habitantes. Nos hablan de la arquitectura de sus hermosos edificios de tres pisos, de las famosas "estufas" subterráneas, del carácter amable de la gente, de su honestidad, de sus costumbres sociales y de su excelente sistema de gobierno.

Cuarenta años después de la retirada de Coronado, llegó Espejo con sus hombres hasta Pecos, solamente por una breve visita. Más tarde, cuando D. Juan de Oñate estableció su gobierno en San Gabriel, el 12 de julio de 1598, decidió enseguida visitar la ciudad más importante de sus dominios y establecer relaciones con sus habitantes. Oñate se hallaba en Pecos, con este propósito, el 25 de julio de 1598. Sólo unos días después el franciscano Fray Francisco de San Miguel quedaba encargado de la Misión de Pecos, y muy pronto se comenzó la construcción de una iglesia. Esta debió ser muy bella y de grandes proporciones, según cuenta Fray Benavides en su reporte de 1630.

En la revolución de los pueblos indios de 1680 la iglesia y el convento fueron totalmente destruídos, y el padre Fernando Velasco, entonces misionero de Pecos, perdió la vida. Durante los doce años de sublevación los indios de Pecos sufrieron constantes ataques por parte de indios nómadas de los llanos, y parece que también experimentaron dificultades internas en el mismo pueblo. En la reconquista de D. Diego de Vargas, el pueblo de Pecos no ofreció mayor resistencia, y pronto el capitán general estableció con los indios alianza y amistad. Inmediamente se emprendió la construcción de una nueva iglesia y la reparación del convento, y el pueblo se convirtió en uno de los centros misioneros más florecientes de toda la provincia.

Los constantes ataques de los indios nómadas, sin embargo, siguieron afectando a la industriosa y pacífica comunidad. La destrucción y robos de sus bienes materiales hacía casi imposible la sobrevivencia. Sobre todo, la pérdida de vidas humanas llegó a tal extremo que por los años 1830 apenas quedaban unos diez o doce hombres con sus familias. Así, no les era posible celebrar debidamente sus ritos religiosos, ni

113

podían cumplir con sus obligaciones sociales y familiares.

En este tiempo de oscuridad y casi desesperación, un grupo de visitantes llegó un día desde el otro lado de las montañas, del oeste del Río Grande. No eran extranjeros, sino hermanos en lengua, cultura y sangre. Venían del pueblo de Jémez, de donde vinieron originalmente los fundadores de Pecos. Traían un mensaje de compasión y cariño, y una cordial invitación de hospitalidad para todos, en su más prospero y pacífico pueblo de Jémez. Todos los habitantes de Pecos emprendieron la peregrinación hacia la tierra de sus antepasados, llevando consigo sus posesiones más queridas. Era el año 1840. Atrás quedaban los recuerdos de la desgracia y del dolor. Pero atrás quedaba también un permanente recuerdo de amor, un vínculo de gracia celestial que perduraría a través de los tiempos: el amado retrato de Nuestra Señora de Los Angeles, que por tantos años había sido venerado en su iglesia (por más de cien, de seguro), fue encomendado a los vecinos de la villa de Pecos, con la condición de que cada año, en adelante y para siempre, como ellos habían hecho hasta ahora, se celebrara en la antigua iglesia del pueblo la fiesta en honor de la Señora, con procesión, misa y sermón.

Esta es la fiesta de Nuestra Señora de Los Angeles, que se celebra en las ruinas de Pecos. A los vecinos de Pecos se unen cada año, el primer domingo de agosto, cientos de personas que conocen la historia y profesan devoción a N.S. de Los Angeles. Y hasta aquí llega también, cada año, una delegación del pueblo de Jémez. Descendientes de los antiguos pobladores de lo que hoy solo son ruinas, vienen a cumplir sus promesas, con los trajes típicos de su tribu y trayendo ofrendas y primicias de sus cosechas: trigo, maíz y pan de horno.

Así, cada año, debe celebrarse la fiesta. Una larga historia de gloria, de dolor, de lágrimas y de los destinos misteriosos del hombre, se recuerda y revive en este día, en estas ruinas, ante la belleza e indestructible dulzura de Nuestra Señora de Los Angeles.

114

CANCIONERO DEL ALMA

Parece el rumor del viento. O un clamor antiguo de las lomas y cañadas. ¿Son los lamentos de las Muralles de Jerusalén? ¿O acaso arrullos moros de la Alhambra? Es un llanto apasionado de esperanza, una brisa de fe, un gemido del corazón humano. Aquí hay un genio nativo de fe y de amor, una música del alma que santifica el tiempo. Los ALABADOS, ¿no serán una quintaesencia de una raza, una historia, una fe?

Las melodías de los Alabados han recorrido siglos, pero siguen, hasta hoy, siendo recreadas en el fervor del espíritu. Son tesoros del pasado, y al mismo tiempo se adornan sin cesar con nuevas notas, como con perlas. Son herencia inapreciable, y también invención continua de un pueblo artista y espiritual.

El texto, las palabras de los ALABADOS, son a veces poemas sofisticados y cultos, de estructura perfecta, dignos de Lope de Vega o de San Juan de la Cruz. Otras veces son simples estrofas de paisano, versos humildes y rudos, pero honrados y sólidos como la tierra y los pinos; a veces tiernos como el cantar de un pajarillo y siempre con el aroma de una flor silvestre.

La palabra ALABADO se deriva de la antigua palabra latina "alapari," que quiere decir "gloriarse," o "dar gloria." Tiene también relación, más por uso que por etimología, con el verbo latino "laudare": "honrar, dar gloria, cantar alabanzas." El significado de la palabra latina "laus," "laudes" equivaldría al de ALABADO. Esta palabra, común en otros tiempos en España, México y otros países hispánicos, es hoy patrimonio casi exclusivo de Nuevo México, donde permanece actual e insustituíble, con el significado preciso y único, del que estamos hablando.

El ALABADO, como los "santos" nuevomexicanos (con los que aquél está esencialmente ligado), es un producto genuíno de este pueblo; un pueblo religioso, musical, rico en emociones, que, en su aislamiento histórico-cultural de siglos, hubo de crear milagrosamente formas propias y únicas para expresar sus sentimientos y su fe, para alimentar su espirítu.

En Nuevo México se usa a veces la palabra ALABADO en un sentido amplio. Así, ALABADO puede denominarse todo himno de carácter religioso. Con este sentido es con frecuencia usada esta palabra por el pueblo, aplicándola a toda canción religiosa. En Nuevo México existe una extensa colección de cantos sagrados, la mayor parte de los cuales han sido publicados en diferentes libros. La más famosa y extensa entre las colecciones de canciones sagradas es la que fue editada por el padre J. B. Ralliere, párroco de Tomé, en 1877, con el título de "Cánticos Espirituales." Esta colección fue editada nueve veces en la imprenta de la "Revista Católica" de Las Vegas, Nuevo México. La última edición salió a la luz en 1933. De las doscientas cuarenta canciones contenidas, muy pocas pueden llamarse ALABADOS en sentido estricto. La mayor parte son cantos piadosos de origen no anterior a los siglos XIX o última parte del XVIII, importados de España, Francia, México, etc.; y algunos seguramente compuestos en Nuevo México, pero sin verdadero carácter "nativo," sino más bien según gustos europeos (sobre todo franceses) de la época.

Otra cosa muy diferente son los verdaderos ALABADOS. Estos son, sin duda, algo puramente nuevomexicano, aunque, naturalmente, con raíces afincadas en siglos de cultura y religiosidad hispánica. En cuanto a su música (en realidad en cuanto a todo el tema), no se ha llevado a cabo hasta ahora un estudio serio; solamente pequeños intentos de algunos aficionados, con más atrevimiento que preparación. Este estudio se presenta como una formidable tarea, porque para realizarlo sería necesario un profundo conocimiento de música y musicología, y al mismo tiempo una completa familiaridad con la lengua, cultura, mentalidad, etc. del pueblo que los ha creado. Sí, sobre todo, una especialísima sensibilidad para lo hispano, y aun mucho más para lo que es *auténtico nuevomexicano.* ¿Quién reunirá todas estas cualidades?

El auténtico ALABADO nuevomexicano se "creó," preservó y enriqueció en el seno de la venerable institución que llamamos Fraternidad o Hermandad de Nuestro Padre Jesús. ALABADOS de auténtico carácter y estilo son cantados por los Hermanos, hasta hoy, en todas sus funciones religiosas. Las diferentes Moradas poseen manuscritos de ALABADOS, la mayor parte de los cuales no han sido publicados, y pocos son conocidos por el público. Los Hermanos cantan siempre, para todas sus devociones. Hay ALABADOS para el Rosario de María Santísima, para el Rosario de Nuestro Padre San José, para el de San Antonio, el de Jesús Nazareno y otros. Al menos tres Trisagios diferentes, completos, tienen música de ALABADOS. Las 14 Estaciones de la Cruz, en sus múltiples versiones, son otros tantos ALABADOS; y hay innumerables sobre pasajes del Antiguo y Nuevo Testamento. ALABADOS sin fin sobre Salmos, vidas de Santos, etc.

Este es el CANCIONERO DEL ALMA, en el que se expresa el sentir de una raza y la vocación religiosa de un pueblo. CANCIONERO DEL ALMA, para cantar el dolor y la oscuridad del pecado, la soledad y cautividad del corazón humano, el inexorable destino de la mortalidad, la compasión a la Virgen en sus Dolores y en su Soledad, la participación en la pasión de Cristo y la unión con su agonía en la Cruz, la añoranza por la vida eterna, el gozo de la presencia divina, la fruición y la experiencia de la gracia.

ARQUITECTURA RELIGIOSA EN NUEVO MEXICO—AYER Y HOY—

Puede sin duda afirmarse que desde al año 1940, en general en todo mundo, ha surgido una extraordinaria cantidad de iglesias nuevas. La renovación litúrgica y el Concilio Ecuménico proporcionaron un clima propicio para una especie de fiebre creadora de arquitectura religiosa. En cuanto a Nuevo México, durante esos mismos años (en los cuales quedan incluídos los 20 del episcopado del infatigable arzobispo de Santa Fe, Edwin V. Byrne) fuimos testigos de una asombrosa proliferación de nuevos templos en el territorio de la archidiócesis. Entre todas estas iglesias nuevas, interesantes y "litúrgicas," en vano trata uno hoy, solamente a unos años de distancia, de buscar una que haya demostrado validez permanente. Aun las más recientes, las construídas después del Concilio, no parecen capaces de pasar la prueba de unos cuantos años. Sacerdotes, arquitectos y parroquianos se lanzaron precipitadamente a la obra queriendo expresar la "nueva liturgia," y los "signos de los tiempos," las aspiraciones del mundo moderno; pero estas intenciones no eran, frecuentemente, sino un deseo inconsciente de imitar las formas de la arquitectura profana del día, y, en el mejor de los casos, efectos de una emoción irreflexiva. Así el resultado vino a ser, muchas veces, la edificación de iglesias que no son otra cosa sino réplicas (a veces malas) de oficinas, salas de convenciones, bancos, etc.

Esta forma de edificar iglesias parece haber constituído un orgullo para sacerdotes, arquitectos y parroquianos; pero lógicamente, pronto siguió por necesidad un sentido de vacío y desencanto, aunque este vacío no sea facilmente admitido o confesado por los responsables. La iglesia debe servir para inspirar y elevar, pero muchas de las modernas acaban por secar y aplastar espiritualmente al pueblo de Dios. Este drama de la nueva arquitectura religiosa en Nuevo México es desalentador, y uno siente la tentación de perder toda esperanza, porque hasta hoy no aparece un horizonte claro. Pero tal vez debemos esperar, a pesar de todo, y pensar que toda esa chatarra de iglesias nuevas forma parte de un doloroso proceso que ha de ir purificando nuestra fe llevándonos hacia algo mejor. Y tal vez vamos penosamente aprendiendo. En este caso el tremendo derroche de energía y dinero no habrá sido del todo en vano.

En el fondo, el mundo moderno quiere otra cosa. El hombre contemporáneo no necesita ni desea iglesias que imiten edificios ejecutivos y espléndidas estaciones de autobuses. El hombre de hoy está sediento de un espacio verdaderamente espiritual, de la morada de Dios, de una estructura que tenga intimidad y calor de hogar, de un lugar bello, aunque humilde, y que ante todo sea noble, honesto y puro. El hombre de hoy necesita para su vida religiosa un edificio sobrio, simple, con un interior de calma y lleno de calor humano. La monumentalidad verdadera y la abundancia de artístico decoro han sido parte del patrimonio de la iglesia en el pasado, y, hasta cierto punto, estas cualidades podrían ser admitidas hoy en casos excepcionales. Pero siempre, y en nuestros días más que nunca, en los edificios de culto debe prevalecer el carácter sagrado en contraste con las demás estructuras seculares, y el interior del templo debe ser armonioso, hospitalario, funcional y lleno de calma. Esto es lo más esencial en un templo, litúrgicamente y en todos los órdenes. Si algunos cristianos sienten de verdad la necesidad de que las iglesias imiten la estructura de edificios públicos y profanos, deberemos lamentarnos de la degeneración del sentido estético y de la crisis de la experiencia religiosa de hoy.

Las cualidades mencionadas han sido, para nuestra gloria, altamente expresadas en nuestras iglesias nuevomexicanas por 400 años. En la arquitectura franciscana-nuevomexicana-colonial han cristalizado los valores permanentes de la arquitectura religiosa. Estos valores están hoy en peligro, aunque por otra parte son buscados ávidamente por el instinto religioso del mundo contemporáneo. Es cierto que no puede ni debe esperarse que las nuevas iglesias sean réplicas de las antiguas, pero los valores que éstas representan son, en gran medida, permanentes, y constituyen una inagotable fuente de inspiración para, en el mismo, espíritu, proceder hacia formas nuevas y ricas en imaginación. En este sentido puede adivinarse en Nuevo México un inmenso campo abierto a parroquias y arquitectos. Pero, ante todo, esperemos que en nuestras ciudades, aldeas y pueblos no se construyan ya más iglesias que sean una profanación de la historia, del paisaje y del sentimiento religioso.

En la historia de la arquitectura religiosa nuevomexicana, un capítulo aparte, también triste y doloroso, es el de las "restauraciones" y "modernizaciones" de viejas iglesias y capillas. Muchas joyas de arquitectura, historia y espiritualidad han sido progresivamente arruinadas. Párrocos, arquitectos y concilios parroquiales han consumado herejías y desfiguraciones de las que ya nunca podremos librar a nuestros templos. No puede dudarse de que en muchos casos las reparaciones, y aun ciertas renovaciones, eran del todo necesarias; pero al tratarse de algo de tanto valor y tan delicado, el trabajo es muy arriesgado y difícil. Es necesario siempre mucho estudio, mucha consulta y gran maestría en la obra. Las generaciones de ancianos, que aún conservan el sentido natural de la antigua belleza, ya no son consultadas, y ellos son demasiado tímidos para imponer y hasta para ofrecer su opinión. Los parroquianos más jóvenes tienen la agresividad y el poder, pero están con frecuencia influenciados con lo que ellos llaman "moderno," que en realidad es lo mediocre y común de los "standards" comerciales. Muchos arquitectos carecen del sentido religioso, histórico y estético. A algunos párrocos les falta la sensibilidad por la cultura de las comunidades a las que sirven, y con frecuencia llevan adelante con buena intención tan desafortunados proyectos.

¿Será verdad que en los últimos años se está despertando, entre pastores y seglares, un sentido más fino y una mayor responsabilidad por el patrimonio artístico, cultural y religioso de Nuevo México? Y hoy, cuando Roberto Sánchez encabeza la Arquidiócesis de Santa Fe, ¿podremos, al fin, percibir un rayo de esperanza en el horizonte?

IDIOMA Y CULTURA

La revolución social y cultural que ha venido agitando al mundo moderno durante lo que va de siglo, se ha intensificado y acelerado notablemente en los últimos 25 años. Los pueblos y razas se revaloran y estudian. Existe un mayor respeto y aprecio por varios idiomas y las diferencias culturales. En cuanto se refiere al mundo hispánico, y especialmente a la parte suroeste de los Estados Unidos, un fuerte movimiento de estudio y revalorización está estimulando con gran fuerza las mentes de los intelectuales y también de la gente sencilla. Y en Nuevo México, en cuyo suelo las raíces hispánicas han mantenido extraordinario vigor por 400 años, este despertar de las consciencias es dramático y prometedor. Numerosas asociaciones e instituciones, ya desde hace años prestigiosas por su labor en los campos de la cultura y de la historia, se rejuvenecen hoy con nuevo ímpetu y con más amplios horizontes. Existe un fuerte movimiento "conservacionista," y hoy se producen notables trabajos de investigación sobre el lenguaje, el folklore, la arquitectura de Nuevo México, etc.

123

Por otra parte han surgido últimamente y surgen cada día instituciones y grupos nuevos persiguiendo fines culturales. Muchos de estos grupos están constituídos por una notable mayoría de miembros de habla hispana. Hay un ansia de identificación, de "concientización" (como se dice ahora) en cuanto a los propios valores. También multitud de programas, soportados con dinero federal o con contribuciones privadas, se inauguran cada día con la sincera esperanza de estudiar y defender lo que constituye las esencias y valores culturales y humanos del pueblo. Nobles esfuerzos por nobles ideales. En la euforia de la reacción, sin embargo, puede a veces ser comprometida la grandeza del fin por culpa de la impaciencia o capricho del momento. Por falta de disciplina y detenido estudio pueden existir desviaciones y fatales equívocos. La seriedad y el sacrificio que requiere la tarea no pueden ser suplantados por improvisaciones ni por fanatismos fáciles.

Un nuevo énfasis se está dando en nuestro sistema educativo, y a todos los niveles de la enseñanza, al estudio de la lengua, historia y arte hispánico. Esto es formidable. Parece, además, que se corrigen y renuevan los antiguos métodos, muchas veces negativos y hasta enemigos de lo hispano. No es posible todavía medir la eficacia de estos cambios. Esperamos que la vieja mentalidad verdaderamente se renueve y que vayan cambiándose tantos prejuicios en los profesores y en los libros de texto.

Tal vez el esfuerzo más serio, y a la larga el más eficaz, es el establecimiento de educación bilingüe y bicultural en nuestro sistema escolar. Nadie puede dudar hoy de la enorme ventaja de una buena educación de esta clase; sin embargo es claro que esto requiere altas cualidades en el personal administrativo del programa, en el método y en los maestros. Ahora ya, después de los primero años, cuando está pasando el excitamiento del principio, debemos examinar la validez y frutos del programa. Hace falta un análisis honesto, sin engañarnos, sin tolerar ninguna clase de disfraz. Ya no es posible hacer concesiones baratas ni excusarnos con la dificultad del sistema, ni quedarnos contentos con un bilingüismo mediocre y superficial. Una educación bilingüe y bicultural mala o falsa producirá a largo plazo mucho más daño que provecho. No vale engañarse a sí mismos, ni al gobierno, ni a los niños, ni al público. La empresa es difícil, pero de incalculable valor. Es necesario, otra vez, examinar y revalorizar el programa. Esto no es una crítica negativa, sino una llamada de alerta.

El tratar de conocer, apreciar y preservar el patrimonio cultural descuidando el idioma sería una pretensión académica sin valor. En la lengua se encarnan y se expresan el genio y las esencias de una raza. En lo que se refiere a Nuevo México, no hay duda de que estamos saturados de las presunciones de teóricos de la cultura. Ellos estudian y formulan esta cultura desde los moldes de sus propios conceptos y de su propia lengua, y así la recrean y expresan a su imagen y semejanza.

Es aún más triste el caso de aquellos que, teniendo el español como lengua madre, son ya incapaces de expresarse en su propio idioma. Esto indica que, aunque intenten demonstrar lo contrario, van sin remedio haciéndose ajenos a su propia cultura. Así pues puede afirmarse que la sobrevivencia del idioma es condición necesaria para el mantenimiento de la integridad personal y cultural.

En el conjunto de la familia de pueblos hispánicos Nuevo México tiene una personalidad cultural (y por lo tanto linguística) propia. Nuevo México no es México, ni Argentina, ni España. En la "comunión" y en la "variedad" de los pueblos hispánicos se basa en gran medida su interés y fascinación. Así el idioma español en Nuevo México tiene sus características particulares, sus diferencias y proceso evolutivo. Es claro que las circunstancias históricas, geográficas, etc. de cada país influyen en el idioma, que por naturaleza es móvil y vivo.

Es necesario afirmar que, en los diferentes niveles de enseñanza (escuela primaria, secundaria, colegio) en Nuevo México, se encuentran a veces profesores que tratan de imponer sus estrechos criterios en la enseñanza del idioma. Siendo ellos nacidos o educados en otros países hispánicos, insisten en convencer a los estudiantes de que el español nuevomexicano es de inferior calidad, y que sólo el suyo (el de México, Cuba, España, etc.) es perfecto. Esta actitud revela la estrecha mentalidad y la ignorancia de tales profesores. El mismo idioma ofrece variantes en diferentes países del mundo hispánico, y no es fácil decir dónde es mejor y dónde es peor. Y en Nuevo México, podrá el español, por razones obvias, ser un tanto pobre en vocabulario moderno; pero no es menos puro que en otros países, ni menos claro en la dicción, ni menos sabroso en sus arcaísmos y en sus dichos. De todos modos tales maestros, antes de atreverse a enseñar el idioma en Nuevo México, deberían ampliar sus conocimientos generales lingüísticos y al mismo tiempo deberían ser sometidos al estudio serio y profundo del "dialecto" nuevomexicano.

Debemos añadir enseguida que sería igualmente nocivo y fatal que los maestros de origen nuevomexicano se contentaran con el español local que saben, si es que lo saben. Para enseñarlo adecuadamente estos maestros deben ampliar, enriquecer y contrastar constantemente su propio lenguaje con el español de los otros países hermanos.

Es más, la esperanza de un auténtico y duradero florecimiento cultural en Nuevo México llegará a ser realidad *solamente cuando* el hispano nativo llegue a ser capaz de articular las esencias de su propia raza y cultura *en el genio de su propio idioma;* cuando el poeta, el novelista, el dramaturgo—el artista del "verbo"—brote del pueblo y exprese *en su lengua madre* la riqueza espiritual y humana latente en su propia alma y en el alma de la gente de su raza.

Someramente hablando sabemos que el español de Nuevo México se basa principalmente en el castellano de los siglos XVI y XVII, y que es secundariamente afectado por otros dialectos: andaluz, asturiano, gallego, etc. No faltan algunas influencias de la lengua nahuatl de los indígenas mexicanos, ya que este idioma había influenciado y enriquecido el lenguaje de los hispano-parlantes de México al tiempo de sus emigraciones hacia Nuevo México. El español de Nuevo México parece haber sido muy ligeramente afectado—solo unas cuantas palabras— por las lenguas indígenas nuevomexicanas: Tewa, Navajo. . . . Desde el año 1846, fecha de la invasión norteamericana, el español, por necesidad, ha sido influenciado por la lengua inglesa. No es fácil determinar hasta qué punto esta influencia ha sido destructiva o enriquecedora.

La obra clásica "ESTUDIOS SOBRE EL ESPAÑOL EN NUEVO MEXICO," por Aurelio M. Espinosa, editada por primera vez en 1909, sigue siendo en la actualidad un documento formidable sobre el tema. Hoy día abundan monografías y pequeños trabajos, pero necesitamos obras más fundamentales sobre el dialecto nuevomexicano.

Estamos en un momento histórico en que, desde las fuentes puras del español del siglo XVI, el dialecto nuevomexicano, con su sabor "cervantino," arcaico y rural, debe abrirse hacia un nuevo florecimiento, hacia una expansión legítima, pintoresca y llena de dignidad.